U0130543

# 賜官講粵語

www.cosmosbooks.com.hk

| | | |
|---|---|---|
| 書　　名 | 賜官講粵語 |
| 作　　者 | 劉天賜 |
| 責任編輯 | 宋寶欣 |
| 美術編輯 | 郭志民 |
| 出　　版 | 天地圖書有限公司 |
| | 香港黃竹坑道46號新興工業大廈11樓（總寫字樓） |
| | 電話：2528 3671　傳真：2865 2609 |
| | 香港灣仔莊士敦道30號地庫（門市部） |
| | 電話：2865 0708　傳真：2861 1541 |
| 印　　刷 | 亨泰印刷有限公司 |
| | 柴灣利眾街27號德景工業大廈10字樓 |
| | 電話：2896 3687　傳真：2558 1902 |
| 發　　行 | 香港聯合書刊物流有限公司 |
| | 香港新界荃灣德士古道220-248號荃灣工業中心16樓 |
| | 電話：2150 2100　傳真：2407 3062 |
| 出版日期 | 2020年12月／初版 |

# 序

　　我們之母語，即阿媽從小便同我們談話用的語言，又即是我們從小思想上用的語言，香港人用粵語。我謂之「粵語」或「廣州話」或「廣府話」。一般人叫廣東話，我認為：廣東一省甚大，隔一條河、一座山，方言不同，譬如：潮州話、汕頭話、海陸豐話……很多廣州人、港澳居民都聽不懂哩。故此，我還是用廣府話這個名詞代表吧。

　　有人說，廣府話有九音，乃中原古代的「雅言」，留下及保存在南方的話，但是，有人反對此說法。無論如何，廣府話的發音、意思，都與中國古代話語、文字等帶上關係。我搜尋了很多書籍、網站來說明一些常用字、詞語、地名、人名的正確粵音，正因為香港人說粵語多數不求嚴格，有些發音、意思皆以訛傳訛，或者校長（老師）教錯；或者社教（廣告、電子傳媒）教錯、讀錯（懶音），集非成是。大家認為語言中最重要是「明白」，故此，有些粵音的字失傳，有些大家只用

同音字便算。例如：用「錫」代了本字「惜」（只知有其「錫」音，不知原來也是 kiss 或愛護的意思）。然而，有人認為，最重要是約定俗成，大家如此用了，不妨用下去。例如：中肯，沒有人說「種汗」了。

大致上，本書並不死硬要求隨一書或一家之言，而定某字的音。仍然依據各字典注音讀法（包括大部份網上字典），有此讀法盡量列入。（亦有太僻太少用的音不錄）如「糾」正，讀「九正」，但有字典讀「斗正」，亦取錄。又「中肯」，不會讀「種汗」、「種幸」，已成慣用了。

中學時，老師教：每個字有「形、音、義」，有關其形，已「打」出來了。

其音，粵音，捨棄太古或太僻的字，選擇常常見到的字，盡量用淺的同音字注音（查很多網上字典，都用艱深字），並用英文字母（羅馬）拼音法表示，再加上 123456 表示六種音，即是 [1] 代表陽平；[2] 上上；[3] 上去；[4] 陰平；[5] 下上；[6] 下去；例如：「衣、椅、意；宜、議、義」代了「陽平，上，去；及陰平，上，去」六音；不妨試下。又例如：「書、鼠、恕；殊、曙、豎」。按此發音，即可辨別「英文字及數字」所標示的粵發音了。至於入聲，「征」字的上入「職」；中入「脊」；下入「植」，亦是如此，內文凡入聲字 ptk 尾。

九音便是如此。很多音沒有字，只有音而已。

其義，則用「解：」，單解此字之原意，亦選常用之意。

用「詞語：」解此字聯繫及衍生的詞語，並加以解釋。（如大家明白便不再解了）

用「姓氏、人名：」舉姓名包含此字的人物為例。

用「成語：」表示有些字可能是成語的構成，可講述典故、用法、出處等，只選淺明的成語。

用「歇後語：」，粵語有相當多歇後語，如猜謎一般，又選有趣者。

有些字太相似，只差部首、筆畫等，則加倍提醒讀者小心這些字，會註明。全部字詞按筆畫排序。

感謝天地圖書對粵語、廣州話、廣府話（即我們香港人之本地話）的愛護、推廣。這不只是一方言，而是有一億至一億五千萬人常用之語言呀！

我希望各界人士不吝賜教，好讓糾正很多粵音錯讀及字、詞語、成語、俚語錯用為盼。

劉天賜

識於 2020 年 10 月

乂 （艾 ngaai[6]）

解：割草、治理、懲罰等。

詞語：乂民，治理人民。

成語：俊乂在官，才德出眾的人做官員（並不是做人民公僕）。

匕 （彼 bei[2]）

解：匕首。荊軻刺秦王乃用毒匕首。

乜 （咩 me[1]），（芈 me[5]），（mat[1]），（ne[6]），（歪 me[2]）

解：此字在粵常用，原來有此字，亦有此姓，都不能依粵俗發音，姓氏讀「ne[6]」。

詞語：乜（mat[1]）東東、乜嘢？即「甚麼」。

乜斜，讀「咩」斜。

粵俗：有句「乜東東，芫荽葱」，係順口溜，無意思。

借一些地方，即「借乜（歪）」。

勺 （嚼 zoek[3]）

解：勺子。

孑 （訣 kyut[3]）

解：孑（揭 kit[3]）孓，蚊之幼蟲。

丸 （元 jyun[4]），（婉 jyun[2]）

解：細小的圓球形物，如藥丸。

粵俗：普通話，北方叫「丸子」，俗叫「蛋」，魚肉做叫魚蛋，普通話「魚肉小丸子」。

女人湯丸（阮），女性的男玩物。湯丸即湯圓。
啪丸仔，服藥或服毒品。

**于** （瑜 jyu⁴），（於 jyu¹），（污 wu¹）
　　詞語：于（於）是，於是。又有：于是乎。
于（污）菟，解：老虎。
成語：之子于（瑜）歸，出於《詩經》，解嫁女。
姓氏：明星有于（瑜）洋，善於武打。提醒「于」
姓不是「於」姓的簡體，二者不同。

**已** （以 ji⁵）
成語：不能自已，不能自制。勿讀「不能自
己（幾 gei²）」。

**弋** （亦 jik⁶）
　　解：弋，游弋也。又解：用帶繩的箭矢射鳥。
成語：弋人何篡？對高飛的鳥無計可施，因射程
不達。出於《揚雄‧法言》，喻：不自罹禍，統
治者亦沒辦法將其入罪。

**戈** （渦 gko¹）
　　解：古武器，干戈。勿讀「窩 wo¹」。
另一字「弋」極相近，留意。

**屯** （團 tyun⁴）
　　解：駐兵。
地名：屯門，古有兵團駐此故名。

尺 (且 ce²)，(車 ce¹)，(赤 cek³)

解：量度長度之中國單位，十尺為一丈，十寸為一尺。

詞語：尺 (赤) 牘。

中樂符號，讀「且」，又「車」；「合尺」是粵語中「河車」的音示。

比 (備 bei⁶)，(彼 bei²)，(皮 pei⁴)

解：挨、靠、勾結。

詞語：比 (彼) 較。

皋比 (皮)，虎皮，喻武將的氣派。

比(備)鄰，王勃：「天涯若比鄰」，即是隔鄰的人。

成語：比比 (備) 皆是。

朋比為奸。

賦比興之比，作一比喻。

勻 (雲 wan⁴)

詞語：均勻、勻淨。

粵俗：「分得好均勻」、「此舉很勻淨」，都是此字。

夭 (腰 jiu¹)

詞語：夭折，未成年的人死去。

友曾問「夭」「妖」粵音為何？普通話是「腰 yāo」，粵音亦有如此讀法。逃走謂「逃之夭夭」是「食字(諧音)」，原出於《詩經·周南·桃夭》「桃之夭夭」呀！夭夭：茂盛。

井 (整 zing²)，(阱 zeng²)
詞語：井 (整) 水。
成語：井井有條。

壬 (吟 jam⁴)
解：天干的第九位。

卐 (萬 maan⁶)
解：佛家符號，表示吉祥；很多人錯認為德國納粹黨徽，彎的方向不同。最早出現於五千年前馬家窰文化，也見於五銖錢。是古老的中國符號，(左旋右旋都一樣) 出於「太陽」，乃符號學之一說，佛家與納粹黨徽並無任何關係，故此，右旋左旋與所含意義無關。

五銖錢

# 丏 <sup>(免 min⁵)</sup>

解：避箭短牆。留意與「丐」不同。

人名：夏丏尊，文學家、語文學家、出版家和翻譯家。近代中國著名學者，不從政。

# 父 <sup>(府 fu²)，(付 fu⁶)</sup>

詞語：漁父(府)。父(付)親。

# 爿 <sup>(扮 baan⁶)，(場 coeng⁴)</sup>

解：劈木而成的木片。

量詞：一爿(扮)牆。

# 仇 <sup>(球 kau⁴)，(囚 cau⁴)，(愁 sau⁴)</sup>

解：仇(愁)恨。

姓氏：仇(球)英，明代大畫家，吳門四家之一，擅畫山水、仕女等。另有傳仇英畫春宮畫甚佳。

# 攴 <sup>(撲 pok³)</sup>

解：輕敲。亦作部首。

粵俗：攴野，俗稱「扑野」，性交。

# 殳 <sup>(殊 syu⁴)</sup>

解：一種兵器。

殳

冗 (踵 jung²)，(勇 jung⁵)
　　詞語：冗長。

中 (忠 zung¹)，(眾 zung³)
　　詞語：中土、中間、中意讀「忠」；中暑、中箭讀「眾」。
　　成語：正中 (眾) 下懷。
　　歇後語：阿駝行路，中中地。諧音，不高不低處於中間位置。
　　一箸夾中，一招便應驗，形容一下子便中個正着。
　　粵俗：耐唔中，周不時、隔不久之意。

亍 (畜 cuk¹)
　　詞語：彳 (戚 cik¹) 亍，緩步行。

氏 (之 zi¹)，(士 si⁶)
　　國名：月氏 (月茲 zi¹ 或肉 juk⁶ 知)，古國名氏族。公元前三世紀至公元一世紀民族，早期以遊牧為生。其國位處絲綢之路，控制東西貿易，後被匈奴攻擊，一分為二：西遷至伊犁的，稱為大月氏；南遷至今日中國甘肅及青海一帶的，稱為小月氏。

仆 (付 fu⁶)，(僕 buk⁶)，(puk¹，puk²)
　　詞語：仆 (付) 倒。奴仆 (僕)。
　　粵俗：仆(puk¹，puk²)街，罵人語，在街跌倒死亡。仆轉，反轉。

# 扑
(撲 pok³)
解：同「撲」。

# 氏
(低 dai¹)
解：五胡亂華之一族，與「氏」字只有一點之別。

# 凹
(坳 aau¹)，(粒 nap¹)
解：中間陷落，象形。
詞語：凹(粒)凹凸凸。
人名：賈平凹(坳)，當代作家，作品有《廢都》、《古爐》等，聞名中外。

# 厄
(之 zi¹)
詞語：古代盛酒皿。引申：厄言，自然隨意或隨人妄言，自謙語。

# 仔
(子 zi²)，(之 zi¹)，(崽 zai²)
詞語：仔(子)細，留心讀法。
仔(之)肩，解：所負之任務。
歇後語：單眼仔(佬)睇老婆，一眼見晒。
畫公仔畫出腸，不必如此。
諺語：妹仔大過主人婆，喧賓奪主。
仔大仔世界，兒子有自己的前途。

> 粵俗：呢條友仔(崽)，男仔、衰仔。
> 雞仔媒人，做一些不關己的事。
> 蠱惑仔，黑社會分子，行蠱惑，即幹不法之行為(前多用爛仔，以描寫不法之人)。

> 盒仔茶，中藥消感冒劑，以小盒包裝。
> 粵人多用「仔(崽)」以描寫小的東西，如
> 雀仔；或看不起的東西，如矮個子，有所謂：
> 矮仔多計、矮婆多仔。

# 尻 <sup>(敲 haau¹)，(蒿 hou¹)</sup>

俚語：無厘頭尻，沒有首及尾，不是「鳩 gau¹」，更非男生殖器，乃尾龍骨。又音「蒿」，俗人避「鳩」音(與男生殖器同音)，故有「無厘頭」之語。

# 宄 <sup>(鬼 gwai²)</sup>

詞語：奸宄，不是內「鬼」，此字常錯，《無間道一》便寫錯「有內鬼(宄)」。

# 弗 <sup>(忽 fat¹)</sup>

解：與「不」同義。

成語：無遠弗屆，無論多遠都到達。

# 冉 <sup>(染 jim⁵)</sup>

成語：冉冉上升，慢慢地。冉冉也是毛或枝條柔軟下垂，如：柳枝冉冉。

姓氏：冉季，字子產。孔門弟子，有大志，成大儒，七十二賢其中之一。

# 叭 <sup>(巴 baa¹)</sup>

解：喇叭，讀「拉爸」。

匚<sup>（頗 po²）</sup>
成語：居心叵測，不可看到。林則徐〈使粵奏稿〉中即形容夷人居心叵測。

卉<sup>（委 wai²）</sup>
解：花卉。

邛<sup>（窮 kung⁴）</sup>
解：山名。

匜<sup>（誼 ji⁴）</sup>
解：盛酒皿。

匜

叻<sup>（勒 lak⁶，lek¹），（瀝 lik¹），（力 lik⁶）</sup>
粵俗：能幹，如叻仔，精叻辮。
新加坡又叫「叻埠」，銀紙叫「叻紙」。喇沙又名叻沙，亦由此音譯。

# 汀 <sup>(廳 ting¹)</sup>
解：小洲。

香港地名：汀（丁 ding¹）角。

# 冚 <sup>(撼 ham⁶)</sup>，粵語有很多轉音。
解：蓋上。

詞語：冚蓋，比喻棺材蓋上即死亡。

> 粵俗：冚唪唥，元曲中用「咸不論」，即全部。據饒宗頤教授指：冚唪唥乃來自古波斯外語。
> 冚家鏟，全家死亡，粵詈語。
> 冚你一巴，摑你一巴。
> 恰恰冚，剛剛好。
> 墟冚，熱鬧。

# 匝 <sup>(扎 zaap³)</sup>
詞語：周匝，周圍。

# 弁 <sup>(辮 bin⁶)</sup>
詞語：馬弁，隨從。

弁言，長篇文章的序言。

# 叼 <sup>(刁 diu¹)</sup>
解：銜。

詞語：叼煙。

**叨** (滔 tou¹)，(刀 dou¹)
詞語：叨(滔)光，蒙受了好的影響。叨(刀)嘮。
成語：叨陪末座，客氣話，坐於等級稍次之位置。
留意和「叼」字相似。

**戊** (務 mou⁶)
解：天干之一。

**扔** (wing¹，形 jing⁴)，(jaang³)
解：扔 (wing¹ 或形 jing⁴) 開，即是拋擲。
粵俗：扔 (jaang³) 佢一腳，用腳力撐其一腳踢開。
扔佢落床。

**礽** (形 jing⁴)
解：福。
人名：允礽，康熙次子，立為儲君，惟傳出醜聞，
被廢。

**囡** (南 naam⁴)
解：女孩。俗讀「女 neoi⁵」，有邊讀邊之誤。

**艮** (靳 gan³)
解：古卜名。

**吃** (吉 gat¹)，(hek³)，(乞 hat¹)
詞語：吃 (hek³) 東西，吃喝玩樂。
口吃 (吉 gat¹)，說話期期艾艾。
吃 (hat¹) 吃而笑。

# 汆

(村 cyun¹)，(味 mei⁶)，(尤 jau⁴)，(tan²)

詞語：汆(村)丸子、汆湯，放入水微微一煮。

粵俗：汆(味)水沖(中)場，敢冒險做事。

# 行

(恆 hang⁴)，(haang⁴)，(幸 hang⁶)，(杭 hong⁴)，(巷 hong⁶)

詞語：行(恆)走。操行(幸)。銀行(杭)。

粵俗：行(航)住佢，用於打球攔阻對方，Mark(嘜)實佢，或者看實佢。

無行(航)，無機會。

行(恆)得正企得正，做事很公正。

男怕入錯行、女怕嫁錯郎，都是一世遺憾的事。

此字多懶音，尤加注意。

> 諺語：「行行出狀元」，行行即每一行檔，每一種職業都出一個最頂尖的人才，狀元乃科舉年代，每科取錄考第一名者，故讀「杭」。
>
> 「十三行」則是「巷」音，滿清時，允許外國人在廣州市河邊建立商貿行，有十三間，故名。
>
> 「行 (haang⁴) 街」，行走的行，香港舊稱營業員。

# 互

(梗 gang²)

解：終古、永遠，此字常讀錯「恆 hang⁴」。

成語：互古互今，貫串古今，永恆不變。

# 迤／迆 <sup>(移 ji⁴)</sup>

解：延伸。

詞語：逶(委 wai²)迤，形容彎彎曲曲不絕。

迤邐：曲折連綿，形容曲聲悠揚。

# 吒／咤 <sup>(詐 zaa³)，(渣 zaa¹)，(測 caak¹)</sup>

詞語：悲吒(詐)，悲憤叫喊。

成語：叱吒(測)風雲，叱吒，威風十足的。「叱吒903」是香港商業電台一個頻道的名稱。

人名：哪吒(渣)，中國神話人物，托塔天王李靖第三子(永遠頑童)，又叫三太子，三頭六臂，百毒不侵，故為保護神。在《西遊記》《封神榜》中法力甚大。由於道教神譜將他吸納成「大將軍」，澳門某次疫症抬他的神像遊街，疫症克服，故此在大三巴天主堂鄰建有哪吒廟，世界上只一間了。台灣信奉三太子，信眾甚多。

大三巴哪吒廟

**名** (鳴 ming⁴)，(meng²)，(meng⁴)

詞語：名 (鳴) 勝。

粵俗：唔怕生壞命，最怕改壞名 (meng²)。太平天國專家簡又文教授親身教我：改名要選筆畫少的淺字。

**成** (程 cing⁴)，(乘 sing⁴)

詞語：成 (乘) 分。成功。一成 (程)。

粵俗：打扮成隻孔雀咁，如一隻孔雀般美麗。嘈到成墟，如墟市咁嘈雜。

**妁** (嚼 zoek³)

成語：媒妁之言，透過中間人介紹。

**衣** (意 ji³)，(伊 ji¹)

詞語：衣 (意) 錦還鄉，穿着美服回鄉。

衣，又是薄膜，如椰衣 (伊)；胎衣，胎盤及胎膜總稱。

**曳** (洩 jai⁶)

成語：棄兵曳甲，放棄盔甲，形容大敗。

**圭** (龜 gwai¹)

解：諸侯朝會手持的玉製禮器。古時的重量單位，十圭為一銖、廿四銖重一両、十六両為一斤。

詞語：圭臬，典範。

**阮** (軟 jyun⁵)，(丸 jyun²)
成語：阮囊羞澀，經濟上極之困難。故事發生在東晉，有位阮孚人氏，有才，放蕩，好遊山玩水，常攜一囊，內只有一文錢。杜甫詩引：「囊空恐羞澀，留得一錢看。」

**寺** (自 zi⁶)，(子 zi²)
詞語：寺廟，佛教僧眾居住及禮佛地方。其他傳入中國之宗教建築亦叫寺，如清真寺；早期祆教、景教的亦叫寺。又有：大理寺、鴻臚寺，皆為古代官署。

**交關** (鮫 gaau¹ 灣 waan¹)
本解：關口交通。引申：結交關係，非常犀利。本是上海語。

**囝** (仔 zai²)
解：同「仔」，見 P.12。

**仳** (鄙 pei²)，(皮 pei⁴)
詞語：仳離，離婚。

**舛** (喘 cyun²)
詞語：乖舛，不順利。

**任** (吟 jam⁴)，(賃 jam⁶)
詞語：任何，任性。
人名：任(吟)劍輝，知名文武生，忌同音「淫」，轉音稱「賃」姐，很多人仍稱「吟」姐。

# 汙／污 <sup>(烏 wu¹)</sup>

詞語：污穢、污糟，骯髒。

粵俗：污(烏)哩單刀。據野史載：胡將有名烏哩者，舞單刀厲害，但不濟，辦事糊塗。引申解：亂糟糟。

# 缶 <sup>(否 fau²)</sup>

解：一種瓦器。

缶

# 伎 <sup>(忌 gei⁶)</sup>

詞語：伎倆。正確寫法，有用「技倆」，作不正常手段得之解。

# 甪 <sup>(六 luk⁶)</sup>

解：地名、獸名。注意左上有一撇。

# 囟 <sup>(信 seon³)，(筍 seon²)</sup>

解：囟門、腦囟，天靈蓋。

粵俗：腦囟都未生埋，說人思想幼稚，一如未生埋頭囟之孩子。

囪 (充 cung[1])，(昌 coeng[1])，(通 tung[1])
解：煙囪(充)，煙「通」。又：同「窗」字。
與「囟」字十分相似，小心。

吮 (雋 syun[5])
解：唇吸，如吮奶嘴、吮癰舐痔。

沏 (砌 cai[3])
解：沏茶。

佃 (電 din[6])，(田 tin[4])
詞語：佃農，指租地主來耕田的農民。

豸 (寨 zaai[6])
解：蟲名，沒有腳之蟲。也是部首，例如：貍。

告 (穀 guk[1])，(誥 gou[3])
詞語：忠告(穀)，真誠勸告的話。
告(誥)示，忠言多逆耳，逆耳的未以是忠言。

妊娠 (吟 jam[4] 申 san[1])
解：懷孕，亦有「賃 jam[6] 申」音。

吽 (空 hung[1])，(ngau[6])，(詬 hau[2])
解：牛叫聲。又：藏密宗六字咒，唸咒時讀
「空」。
粵俗：吽(ngau[6])哣，好遲鈍很呆。

# 別 <sup>(鱉 bit³)</sup>，<sup>(瘪 bit⁶)</sup>

詞語：別 (瘪) 墅、別 (瘪) 人。鬧別 (鱉) 扭。

# 忪 <sup>(忠 zung¹)</sup>

詞語：怔忪，有驚之意。

# 肓 <sup>(方 fong¹)</sup>

解：心臟與橫膈膜之間的位置。

成語：病入膏肓，病情嚴重至無法醫治。膏，心尖脂肪；肓，心隔膜之間，中醫認為藥力不到，故不治。

區分「肓」與「盲」，十分相似。

# 迓 <sup>(訝 ngaa⁶)</sup>

解：迎迓，即是迎接。喜慶中設接待的人，胸前都掛上「迎迓」胸章。

# 陂 <sup>(悲 bei¹)</sup>

解：山邊。不讀「坡 bo¹」。荃灣有「二陂坊」、「三陂坊」等街。

# 妣 <sup>(畀 bei²)</sup>

解：先妣，死去的母親，包括嫡母。

**否** (鄙 pei²)，(剖 fau²)

解：否、泰都是六十四卦之一，此義勿讀「剖」。

詞語：否(剖)定。

成語：否(鄙)極泰來，否、泰是卦名，事物到了極壞便往好的方向走。有智慧的語言，世事無極好與極壞，循環再生。

**匣** (俠 haap⁶)，(gip¹)

詞語：木匣，小箱。粵人稱盒仔。

**冏 ／ 囧** (炯 gwing²)

解：明亮。大陸常用，原是古漢字，象形：儿是眉、口是嘴巴。今成網文用語，現有尷尬、無奈之意。

**佗** (駝 to⁴)，(拖 to¹)，(他 taa¹)

詞語：佗錶。

佗累，拖累。

粵俗：佗鐵，鐵是手槍。

佗衰家，連累家人。

摸(麼 mo¹)佗，很慢。

佗手串(有作接)腳，此一字又通「他」。一般讀「駝」，「他」較少。

人名：華佗(駝)。

**妤** (餘 jyu⁴)

詞語：婕妤，皇帝後宮之女人名稱。不讀「舒syu¹」。

# 劭 <sup>(邵 siu⁶)</sup>

成語：德劭年高，人老了，要謹言慎行才得敬重，年紀大要德行高。

# 夾 <sup>(甲 gaap³)</sup>

詞語：夾帶，摻雜在一起。

夾衣，兩層以上的衣服。

粵俗：夾生，即監生。

# 抔 <sup>(掊 pau⁴)，(fau¹)</sup>

成語：一抔黃土，指墳墓，用雙手捧住，有多少份量，可想像。

與「杯」字相似。

# 妍 <sup>(燃 jin⁴)</sup>

解：美麗。

成語：爭妍鬥麗。

# 牡 <sup>(卯 maau⁵)，(某 mau⁵)</sup>

詞語：牡蠣，粵叫蠔。

牡牛，即公牛，雌性曰牝。

歇後語：牛嚼牡丹，吃好的不知其味。

諺語：牡丹花下死，做鬼也風流：死在美女手下，值得的。

# 佟 <sup>(童 tung⁴)</sup>

解：姓氏。起源於夏朝，時有太史令名終古，諫桀不聽，終古逃亡，子孫改姓為冬，後又加人字旁成佟，為佟氏起源。

彤 <sup>(童 tung⁴)</sup>
解：紅色。

岔 <sup>(詫 caa³)</sup>
詞語：岔路。開岔，分枝。

呆 <sup>(daai¹)，(獃 ngoi⁴)</sup>
解：呆，書呆子，呆字讀「獃」。
成語：呆若木雞，出於《莊子》，本為正面的描寫：
淡定。現成貶義。

佝 <sup>(扣 kau³)，(俱 keoi¹)</sup>
詞語：佝僂（劉 lau⁴），一種缺維他命 D 而引
起鈣、磷障礙之病。

尪 <sup>(汪 wong¹)</sup>
解：跛腳。

虬／蚪 <sup>(球 kau⁴)</sup>
詞語：虬龍，有角的龍。
人名：虬髯客，唐代一篇小說中主角，與李靖、
紅拂女結拜。普遍認為是中國最早的武俠人物。
因其鬍子捲曲，故曰「虬髯客」。

犼 <sup>(吼 hau³)</sup>
解：古代一獸，立於
柱上勸告皇帝。

犼

**忐** (坦 taan²)
詞語：忐忑 (坦剔 tik¹)，連用，不安。

**肘** (走 zau²)，(爪 zaau²)
成語：捉襟見肘，拉一下衣襟便見胳了，生動描寫貧窮，即俗語「十個樽得七八個蓋」。

**汾** (墳 fan⁴)
解：山西省的一條河名，該處水用作釀酒。

**畬** (蛇 se⁴)
解：南方少數民族。
田地，火耕田，焚草木做灰以為田土養料。
留意上半為「佘」，和畬(余)分清楚兩相似字，佘、余相似。「畬」人名有溥心畬，清貴族畫家。

**孜** (之 zi¹)
成語：孜孜不倦，勤勉不懈怠。

**卣** (友 jau⁵)
解：酒具，盛酒尊。

**妒** (到 dou³)
詞語：妒忌、嫉妒。
乃動物性，動物妒心甚大。

卣

# 杜 <sup>(盜 dou⁶)</sup>

解：落葉喬木，木材堅實。

詞語：杜撰、杜絕、杜蟲。

人物名：傳發明酒的杜康。

# 村 / 串 / 吋 <sup>(cyun³)</sup>

粵俗：好串，竄仔，輕挑，香港流行說：他人很串。串能聯想(文革時大串連)之串，比吋合理。

# 忕 <sup>(惕 tik¹)</sup>

解：過分、失誤、兇惡。如：這人忕壞。

詞語：差忕，差錯。

# 妖 <sup>(幺 jiu¹)</sup>，<sup>(擾 jiu⁵)</sup>

解：妖怪。

詞語：人妖，變性人。

粵俗：代替粗口字。

# 伺 <sup>(自 zi⁶)</sup>

解：伺候。粵語保留此正音。

# 尿 / 溺 兩字可互用，<sup>(niu⁶)</sup>，<sup>(雖 seoi¹)</sup>

解：尿酸，或小便。莊子：道在糞溺中。

# 佞 <sup>(濘 ning⁶)</sup>

詞語：佞臣，諂媚的小人。

**杠** (剛 gong¹)，(鋼 gong³)，(壟 lung⁵)
詞語：旗杠 (剛)。

> 粵俗：敲竹杠，上山前，山兜 (上下山之工具，
> 只用兩根竹縛住一椅，兩名挑夫前後抬客上
> 下山) 挑夫已與乘客議好價錢，但到半山，
> 則敲響山兜加價。解臨急要脅，勒索。

**忺** (懭 hung²)
解：同懭。
人名：羅忺烈，曾任教培正中學、羅富國師範學
院、香港大學、香港中文大學、澳門東亞大學，
對詩、詞、曲、文字學、訓詁學、古音學深有研究。

**炕** (抗 kong³)，(烘 hong³)
解：烘麵包。
詞語：炕床，北方取暖，床下燒煤，一般用睡炕，
炕下面生小火。不寫「坑」床。

**珏** (角 gok³)
解：玉。留意與「鈺 juk⁶」不同。

**迭** (秩 dit⁶)
解：更迭、迭次，輪流，高潮迭 (不是「疊」)
起，故粵俗：迭埋心水才對。

**兕** (自 zi⁶)
解：雌犀。

# 的 <sup>(嫡 dik¹)</sup>

詞語：的確。目的。

粵俗：的咁少，這麼少。

的起，拿起。

香港話：的士，Taxi。士的，Stick。

# 弢 <sup>(滔 tou¹)</sup>

解：弓箭袋。

人名：香港區旗設計人何弢。

# 呦 <sup>(休 jau¹)</sup>

解：鹿叫聲，《詩經・小雅》：「呦呦鹿鳴，食野之平。」

人名：屠呦呦，諾貝爾生理學或醫學獎得獎者，有效發明治瘧疾草藥，證明青蒿素抗症之效。

# 帚 <sup>(走 zau²)</sup>

解：掃帚。外國女巫傳用騎「帚」可飛，誇大了。不能讀「掃 sou³」。

成語：敝帚自珍，東西雖不好，但自己十分珍惜。

# 泅 <sup>(囚 cau⁴)</sup>

解：泅水，游水。

# 戕 <sup>(祥 coeng⁴)</sup>

詞語：自戕、戕殺，前者為自己傷害自己身體，後者為殺死他人。

**杲** (稿 gou²)
解：明亮，如海之深，如日之杲。

**雨** (禦 jyu⁶)，(乳 jyu⁵)
詞語：動詞，落雨(禦)。名詞，雨(乳)水。
歇後語：落雨擔遮，死擋(黨)。
落雨溦，小小點雨水。

**隹** (疽 zeoi¹)
解：短尾之雀。不是兩個「土」。同佳字相似。

**衩** (詫 caa³)
解：褲衩。開衩，高衩旗袍。

**孥** (路 lou⁶)
粵俗：稱小孩子細路之「路」。

**拓** (塔 taap³)，(托 tok³)，(摭 zek³)
解：開拓。又：同「摭」，拾也。
詞語：拓(塔) 片。
拓(托) 撲學。

**泐** (勒 lak⁶)
解：書寫，此字常在基石中見，泐石。

**券** (勸 hyun³)，(絹 gyun³)
詞語：昔日獎券乃馬票，今日寄望多寶獎金。
券，是正寫。

**拌** (叛 bun⁶)，(判 pun³)
解：攪拌，用工具拌。古同「拚」（不同「拼」）。

**歿** (沒 mut⁶)
解：死亡了。

**定** (掟 deng⁶)，(錠 ding⁶)
詞語：定(掟)金，非「訂」金。
安定(錠)。
紅色定綠色，紅色抑或綠色。
粵俗：定啲來，鎮定。
定心丸，穩定因素或要門。
定過抬油，非常鎮定，似抬油(抬油容易唥出)一樣。

**叓** (餘 jyu⁴)
詞語：須叓，古代時間量詞，很短暫意。

**迥** (炯 gwing²)
詞語：迥異，勿讀「回 wui⁴」。
成語：迥然不同，相差很大。
與「迴」相似，迴避，故意避開。

**注疏** (注蔬 so³)
解：注文，疏解。注，是解釋；疏，是注解後再注解。疏又稱「正義」，稱其文「正義」即正式意義，比注寫得更詳細。

**拊**<sup>(府 fu²)</sup>
解：拍。

**戽**<sup>(庫 fu³)</sup>
解：把東西扔開。
詞語：戽水。戽被。
粵俗：戽斗邊，一般叫「斧頭(斗)邊」，形容字
有阝旁或卩旁。

**泡**<sup>(拋 paau¹)，(豹 paau³)，(刨 paau⁴)，(抱 pou⁵)</sup>
解：泡(拋)影。泡(抱)沫。泡(豹)茶。
詞語：泡妞，溝女。
泡(刨)溲，解作盛貌。

**弩**<sup>(腦 nou⁵)</sup>
解：古時一種強弓，用機括射出箭，力強。

**氓**<sup>(盲 maang⁴)，(文 man⁴)</sup>
解：不良的人。
詞語：流氓(文)。古代稱做奴隸平民為「氓隸」。

**咐**<sup>(付 fu⁶)</sup>
詞語：囑咐。

**呱**<sup>(沽 gu¹)</sup>
成語：呱呱墮地，嬰兒喊聲，不讀「瓜
gwaa¹」。

# 昉 <sup>(訪 fong²)</sup>
解：日出。

# 宕 <sup>(蕩 dong⁶)</sup>
詞語：延宕，拖延。跌宕，有起有跌。

# 侗 <sup>(洞 dung⁶)，(童 tung⁴)</sup>
族名：少數民族。
派別：倥侗（童）派。

# 披 <sup>(丕 pei¹)</sup>
解：蓋在肩背上。
詞語：披露。
成語：披星戴月。

> 粵俗：披草皮，馬會賽馬有草地賽事，輸
> 了錢便自嘲給錢來鋪草皮。着番件披，着
> 西裝上衣。

# 帔 <sup>(譬 pei³)</sup>
解：肩帔。

# 㲎 <sup>(謹 gan²)</sup>
解：合㲎，新人交拜後交杯之儀式，用蒲蘆
蔓帶（諧音「福祿萬代」），含吉祥之意。

# 佶 <sup>(吉 gat<sup>1</sup>)</sup>

解：健壯。

人名：趙佶，宋徽宗，字畫家、詞人，具各種藝術才華，只不能政治管理。被擄，失國。

# 炙 <sup>(脊 zik<sup>3</sup>)</sup>

詞語：炙熱。

成語：膾炙人口，人人喜愛，讚不絕口。

與針灸之「灸」相似，留意。

# 卒 <sup>(撮 cyut<sup>3</sup>)，(捽 zeot<sup>1</sup>)，(摔 seot<sup>1</sup>)</sup>

詞語：倉卒 (撮)。士卒 (捽)。卒 (摔) 領。

粵俗：卒之，終於。

過河卒，象棋規則，過了河的卒子不能回頭。

督 (氊 duk<sup>1</sup>) 卒，象棋行兵卒。

# 郇 <sup>(詢 seon<sup>1</sup>)</sup>

解：郇廚，煮得好味之廚。現在人稱有着數之東西「筍」，本是「郇」字。

# 芾 <sup>(肺 fai<sup>3</sup>)，(忽 fat<sup>1</sup>)</sup>

詞語：蔽芾，很茂盛。

人名：米芾(忽 fat<sup>1</sup>)，北宋書畫大家，人稱米南宮。與世俗有異，人皆稱癲狂。愛字畫，一手上佳草書傳世。

# 泥 <sup></sup>

泥 (膩 nei⁶)，(nai¹)，(nai⁴)，(nai⁵)

詞語：拘泥 (膩)，死板固執。泥泥 (nai⁵)，露水濃。

成語：泥 (nai¹) 古不化。

歇後語：泥水佬做門，過得自己過得人。

> 粵俗：爛溼泥，描寫很稀爛的泥漿。
> 老泥，身上的污穢積成的似泥物。引申有：老泥妹。
> 紅毛泥，紅毛是外國人，即喻外來之三合土。
> 豆泥，喻下等貨式，蓮子搓溶叫「蓮蓉」、豆類搓溶則是「豆泥」了。

# 盂 (孺 jyu⁴)

節名：盂蘭節，不是「孟 maang⁶」。

# 侈 (恥 ci²)

解：過度。

詞語：奢侈。

# 杳 (夭 jiu²)，(秒 miu⁵)

詞語：杳冥，天空，陰暗之地方，渺茫等意。

成語：杳無音信，沒有一點消息。

# 杵 (署 cyu⁵)

解：木棒，金剛杵，佛器。

# 芟 (衫 saam¹)

詞語：芟草，除草。

祗 <sup>(其 kei⁴)</sup>
解：神祗。又同「只」字。

沮 <sup>(嘴 zeoi²)</sup>
詞語：沮喪，失意懊喪。
成語：沮之以兵，使他恐懼。

虱 <sup>(瑟 sat¹)</sup>
解：跳虱，不要讀錯跳「早 zou²」。
粵俗：虱乸擔枷，形容牽連廣闊，連身上虱子也
有罪。
捉字虱，拿文中其中一字當別解，整篇便可以錯
解。

昆 <sup>(鈞 kwan¹)，(君 gwan¹)</sup>
解：昆蟲。

肱 <sup>(轟 gwang¹)</sup>
成語：曲肱而枕，肱指膊至肩部份，用此作
枕頭而躺。

於 多音字，(污 wu¹)，(餘 jyu⁴)，(于 jyu¹)
詞語：於 (于) 是。作嘆詞用讀「污」。
姓氏：於 (餘) 梨華，旅美小説作家。

人名：樊於 (污) 期，戰國名將，得罪嬴政，
投燕太子丹。太子丹欲請荊軻刺秦王，樊
願自殺待荊軻向秦王獻上人頭以示誠意，
亦報太子丹之恩遇。

**呶** (錨 naau⁴)，(奴 nou⁴)
解：吵鬧。
粵俗：「呶嘈」便是這個呶。呶呶即嘮叨。

**糾** (九 gau²)，(鬥 dau²)
詞語：糾正，更正。糾纏，扭在一起。

**呷** (掐 haap³)
解：吸飲。
詞語：呷醋，吃醋，表示妒忌。

**狎** (俠 happ⁶)
詞語：狎弄，不莊重玩弄。不讀「押 aat³」。

**拈** (粘 nim¹)，(撚 nin²)
成語：拈花惹草，引申：搞不正常性關係。

**黍** (鼠 syu²)
解：黃米，五穀之一。

**牦** (離 lei⁴)
解：牦牛，即氂牛，西藏高原山區可馴的牛。

**奇** (機 gei¹)，(期 kei⁴)
詞語：奇 (機) 數，相對於偶數。奇 (期) 怪。
粵俗：阿奇生阿奇，表示愈來愈奇。
奇異果 Kiwi、曲奇 cookie 都是英譯。
蹺奇 (K)，很古怪難明。

# 冽 <sup>(列 lit⁶)</sup>
解：寒冷。
成語：寒風冽冽。

# 佾 <sup>(日 jat⁶)</sup>
詞語：佾生，祭孔時跳舞作祭儀（佾舞）的小孩子，考秀才不第者。

# 爺 <sup>(倘 tong²)</sup>
詞語：公爺，不讀公「敝 bai⁶」。

# 炁 <sup>(氣 hei³)</sup>
解：同「氣」字，多見於道教。

# 拙 <sup>(絕 zyut³)</sup>
解：拙劣。
成語：將勤補拙。大巧若拙。拙並非完全貶義，若拙反而更勝精工。

# 剢 <sup>(啄 doek³)</sup>，<sup>(朵 do²)</sup>
解：剢肉。

# 亟 <sup>(激 gik¹)</sup>，<sup>(暨 kei³)</sup>
詞語：亟（激）需，急切需要。亟（暨）請，屢次請求。

# 迢 <sup>(條 tiu⁴)</sup>
成語：千里迢迢，遠方。不讀「韶 siu⁴」。

**劫** (孑 kit³)
解：謹慎。

**祆** (軒 hin¹)
解：古波斯教名，拜火教，瑣羅亞斯特創立，在中國流傳一段時間。教義主講光明與黑暗之永恆爭鬥。小說中，又叫「明教」。港島有此教之教堂(近保良局)，人稱：白頭摩囉廟。

**迫** (碧 bik¹)，(北 baak¹)，(伯 baak³)
詞語：逼迫。迫害。壓迫。
粵俗：很迫，很窄。

**易** (亦 jik⁶)，(二 ji⁶)。
詞語：容易 (二)。易手。易 (亦) 經。交易。

**刺** (赤 cik³，尺 cek³)，(次 ci³)
詞語：好刺凍 (赤或尺)，好冷。
粵俗：好肉刺、心刺痛，要咁多錢，不捨得花費。頭刺，頭很痛。
倒 (到 dou³) 刺 (次)。

**郄** (隙 gwik¹)
姓氏：郄正，三國學者，劉禪降書代筆，為司馬炎賞識，不受。「郄」與「郤」同字。

**郤** (隙 gwik¹)
解：隔閡，意見不同謂之「有隙 (郤)」。

**卻** (koek³) 成語：卻之不恭，推卻似乎不好，客套話。
留意與「郤」相似。

**剌** (辣 laat⁶)，(啦 laa¹) 解：割開，閒談。
詞語：剌謬，衝突。
族名：瓦剌。外族名稱，曾侵略明朝，著名有「土木堡之役」，英宗被他們所擄。
與「刺」形近。

**郝** (確 kok³) 姓氏：郝隆。據《世説新語》，西晉時，郝隆七月七日仰臥露腹曬太陽，他言曬腹中詩書。

**昜** (陽 joeng⁴) 解：陽的古字。《説文解字·勿部》：「此陰陽正字也。陰陽行而昜廢矣。」留意與「易」相似。

**甮** (不 bat¹) 解：不用。

**虺** (灰 fui¹) 解：毒蛇。又：打雷之聲。
詞語：虺隤 (穨 teoi⁴)，馬匹疲倦腳軟。

**奎** (灰 fui¹) 解：奎星，廿八宿之一。
詞語：奎寧 Quinine (法文)，金雞納霜，瘧疾藥。

**契** (kai³)，(蠍 kit³)，(乞 hat¹)，(啟 kai²)，(舌 sit³)

詞語：契 (kai³) 約。契仔。殷人祖先叫契 (舌)。

族名：契 (蠍) 丹。

> 粵俗：契弟，罵人是男同性戀在下方者。
> 契家佬 / 婆，不當之情夫 / 婦。
> 古時結拜，粵人謂「上契」，文雅曰「誼」，
> 有文本證明曰「契單」，親戚者也。

**苯** (本 bun²)

解：西藏原來宗教教名。

**曷** (渴 hot³)

解：為何？

**舁** (餘 jyu⁴)

解：抬，又解轎。

**竽** (餘 jyu⁴)

解：古代管樂器。
不讀「於 jyu¹」。

成語：濫竽充數，不懂
的為了充數而加入。

竽

**降**(航 hong⁴)，(鋼 gong³)
詞語：投降(航)。降(鋼)下，降生。

**洽**(俠 hap⁶)，(恰 hap¹)
詞語：洽商。

**苓**(琴 kam⁴)，(令 ling⁴)
粵俗：黃苓苓。
藥名：茯苓(令)，一種中藥。

**酋**(惆 cau⁴)，(尤 jau⁴)
詞語：匪酋，是賊頭。

**宥**(佑 jau⁶)
解：恕。
詞語：宥恕。
成語：尚希見宥。

**祚**(皂 zou⁶)
解：賜福。
詞語：天祚。福祚。

**斫**(灼 zoek³)，(桌 coek³)
詞語：斫柴。斫喪，傷害自己，引申沉溺某種傷身之活動。

苴（追 zeoi¹，茶 caa⁴，嘴 zeoi²，又 caa¹，催 ceoi¹，乍 zaa³）

解：苴麻。又解古時草鞋內的草墊。

粵俗：爛苴苴（乍乍）。

捹苴（乍），污糟。

好苴（乍），低水平。

苴皮，水皮。

省（醒 sing²），（saang²）

詞語：反省（醒）。省（saang²）分。

成語：吾日三省（醒）吾身，曾子的話。出於《論語·學而》，三次反省做過之事，有否犯錯。

枯（膚 fu¹）

解：枯燥。

訃（付 fu⁶）

解：訃聞，報喪事之文告。

陟（續 zik¹）

詞語：陟黜（出 ceot¹ 或拙 zyut⁶，罷免），官員升降，或人們登高。

胝（之 zi¹），（低 dai¹），（底 dai²）

解：胝，手足生出厚厚的皮層，粵稱「枕」。

成語：胼手胝足，形容十分辛勤。

# 食 (自 si⁶)，(蝕 sik⁶)，(二 ji⁶)

詞語：食(蝕)言。

食(自)之，給吃，餵食物。

歇後語：食生菜，貪口爽。

新澤西，食水深，是一艘訪港美航母，太大，不能入港口，故寫其「食水深」，引申解：貪得很大很深。粵語很多「食」字，都有制服之意。

人名：酈(力)食(二)其。楚漢相爭時效命劉邦，勸說縣令投降無效，殺死了縣令，迎劉邦進城，獲賜廣野君稱號。後攻齊，被齊烹殺。

> 粵俗：食夾棍，賭場術語，同樣大，做莊勝。
> 食碗面反碗底，忘恩負義。
> 呃鬼食豆腐，用甜言蜜語騙人。
> 撞板多過食飯，經常犯錯。
> 有大食大，最高級的付錢。
> 食屎食着豆，碰到好彩。
> 大食懶起身晏，形容極懶之人。
> 食塞米 / 食枉米，枉你如此。
> 食梗 / 食滑，實贏，制服住。

# 舂 (或 waak⁶)

解：裂開之聲音。

# 俎 (阻 zo²)

解：砧板。

詞語：俎豆，泛指祭祀，「豆」也是祭祀工具。

成語：越俎代庖，庖是廚房意為廚子，即管祭祀的居然代替了候鑊(大廚)。

**冠** (官 gun¹)，(貫 gun³)

解：帽子或王冠、花冠等時讀「官」。冠軍時讀「貫」。冠心病讀「官」。

詞語：冠軍。秦末，各路起義，楚宋義受封為「卿子冠軍」，成為了第一人。後凡第一都稱「冠軍」。

**訇** (轟 gwang¹)

解：大聲。

粵俗：訇訇聲。

**昭** (招 ziu¹)，(超 ciu¹)

解：昭彰。

**屏** (丙 bing²)，(瓶 ping⁴)，(冰 bing¹)

詞語：屏(丙)除。屏(瓶)封。屏(冰)盈，徨恐。

粵俗：挨屏 (peng¹)，椅子或床的靠背。

**重** (仲 zung⁶)，(從 cung⁴)，(cung⁵)

詞語：重(仲)要、病重、重地、重臣。重(從)複。重 (cung⁵) 量、重金。

粵俗：重來多一次，很多人錯用「仲」字，只是有其音而已，「重有」才對。古詩十九首「行行重行行」不是「重複」行，乃是還要行！多數教錯！

**弇** (掩 jim²)

解：掩蓋。

**窀** <sup>(津 zeon[1])</sup>
詞語：窀穸 (夕 zik[6])，埋葬、墓穴。

**苒** <sup>(染 jim[5])</sup>
成語：時光荏苒，時光易逝。

**查** <sup>(渣 zaa[1])，(茶 caa[4])</sup>
詞語：查(茶)找。
粵俗：蒙查查，糊塗。
糊(污 wu[1])里馬查，亂七八糟。
查家宅，調查人家三代身勢。
人名：查(渣)良鏞，金庸原名，著有三十六本武俠小說，近代名作家。

**陡** <sup>(鬥 dau[2])</sup>
詞語：陡峭，斜度大。引申：突變，變化。

**咱** <sup>(渣 zaa[1])</sup>
解：咱們。北方口語，多稱我們為「咱們」。

**院** <sup>(沿 jyun[6])，(丸 jyun[2])</sup>
解：一座建築物，學校，古稱書院。或有癲狂院、法院。

**紈** <sup>(元 jyun[4])</sup>
解：公子哥兒，今稱富二代。

# 狩 (瘦 sau³)

解：打獵，古時皇帝打獵曰「狩」。皇帝避難，多用「西狩」以圖藉口。慈禧避八國聯軍之入京，美其名「西狩」。源出《左傳》：「哀公十四年，春，西狩獲麟。」《史記儒林列傳》亦載：「仲尼干七十餘君無所遇……西狩獲麟，曰：『吾道窮矣。』」麟，奇獸，有道才出現的。因為麟不在平時出現，在打獵時才獲得，故有謂「吾道窮矣」！

# 捽 (札 zaat³)

解：指上行刑。用於女性，夾她的手指產生劇痛。

# 扃 (gwing¹)，(冏 gwing²)

解：門。

# 姥 (母 mou⁵)

解：姥姥。俗「老 lou⁵ 老 lou⁵」，意是外婆，例如《紅樓夢》劉姥姥。金庸武俠小說中亦有武功高強的天山童姥。

# 段 (緞 dyun⁶)

解：將內容劃分開的單位，昔日乘公共汽車有分段車票。
姓氏：段玉裁，清朝語言學家，訓詁家、經學家，著作有《六書音韻表》《說文解字注》等等。

# 盹 (頓 deon⁶)

解：小睡。

# 耄<sup>(務 mou<sup>6</sup>)</sup>

解：八、九十歲老人。與「耋」（秩 dit<sup>6</sup>）合為「耄耋」時，表示年紀大的老人（人瑞）。

# 耷<sup>(搭 daap<sup>3</sup>)</sup>

解：大耳。

人名：朱耷，八大山人。俗讀「嗒 dap<sup>1</sup>」。

# 派<sup>(湃 paai<sup>3</sup>)</sup>

解：黨派。勿讀英文 pie 之發音，有製衣廠用此字宣傳，作「派頭」之「派」，錯讀。武當派、少林派、正派、分派讀「湃」。passport 有人譯「派士鉢」。

粵俗：派糖，小恩小惠小甜頭。

# 弭<sup>(米 mai<sup>5</sup>)，(美 mei<sup>5</sup>)</sup>

詞語：消弭（米），消除不好的東西。一般人讀消「利 lei<sup>6</sup>」，錯的。

# 宦<sup>(患 waan<sup>6</sup>)</sup>

詞語：宦官，遊宦。宦官與太監之分別：明朝前，官級小曰「少監」、「中監」，只有高級的才叫「太監」。宦官不一定是「太監」。清朝時，「宦官即太監」了。

# 姨<sup>(移 ji<sup>4</sup>)</sup>

解：稱母之姊妹。

**洱** (耳 ji⁵)，(nei²)

解：茶名時讀「nei²」，普洱茶。地名時讀
「耳」，洱海。

**咽** (煙 jin¹)，(噎 jit³)

詞語：咽 (煙) 喉。哽咽 (噎)、嗚咽，解説
不出話。

成語：狼吞虎咽 (又寫「嚥」)，形容喉急。狼
虎獵取食物時都恐懼被搶去，故快吃狂吞。

**㕛** (演 jin⁵)

解：古代中國分九州，其中之一。又：箭的
末端。

**哂** (矧 can²)

詞語：哂 (矧) 笑，嘲笑。哂納，笑納。

**逆** (額 ngaak⁶)，(易 jik⁶)

詞語：逆 (額) 流。忤逆，違抗。「順流逆流」
應讀「額」流。

成語：逆 (易) 水行舟，不進則退。

**恪** (確 kok³)

詞語：恪守，堅守、遵守。

人名：陳寅恪，著名歷史學家。

**殆** (怠 toi⁵)

詞語：危殆，殆盡。與「怠」同音，但意思
不同，區分清楚。

怠 (代 doi[6])，(殆 toi[5])
解：懶惰，不尊敬。
詞語：怠 (代) 慢。怠 (殆) 工。

拿 (拿 naa[4])
解：同「拿」。

趴 (葩 paa[1])
解：趴地，伏在地。
粵俗：衰到趴地，不能站着要伏於地，形容最慘
情況。

韋 (遺 wai[4])
解：姓，如韋小寶。俗讀「偉 wai[5]」。

柙 (俠 haap[6])，(甲 gaap[3])
解：囚猛獸之籠，引申用作囚犯、關禁犯
人或動物的地方。通常錯用為「押」。勿讀「壓
aat[3]」或「鴨 aap[3]」。又解：香木。

皈 (歸 gwai[1])
解：依附。
成語：皈依我佛，不用「歸」。

峙 (自 zi[6])
解：對峙，不讀對「持 ci[4]」。

# 炮

（刨 paau⁴），（泡 paau³）

詞語：炮製。粵俗「砲製」，大炮。炮製，要火字邊的。

粵俗：份量扎炮，不能吃東西或飢餓。

土炮，本地產物，喻下等次貨。

車大砲（炮），説謊。

> 歇後語：炮仗頸，好像爆竹一樣，一點便着火爆炸。
>
> 把炮，有把握。
>
> 炮仔，手槍。
>
> 做炮灰，白白犧牲。

# 思

（使 si³），（私 si¹），（腮 soi¹）

詞語：意思（使），粵俗「唔好意思」、「小小意思」都係讀「使」音，不讀「私」。

思（私）想。

又有《賣相思》一曲，相思又是鳥名。

思疑，常錯寫「私疑」。

于思（腮），鬚濃密。

# 羑

（有 jau⁵）

地名：羑里，周文王被囚此作《周易》。

# 耑

（專 zyun¹）

解：同「專」。

# 衍

（堰 jin²），（演 jin⁵），（顯 hin²）

解：延長，展開。

詞語：敷衍。衍生。

# 麻 <sup>(優 jau<sup>1</sup>)</sup>

解：古同「休」。庇蔭，樹蔭，引申保護。

# 劢 <sup>(斤 gan<sup>1</sup>)</sup>

解：翻劢斗。

粵俗：打兩個劢斗就返來，表示做一番工作便回復了。

# 杔 <sup>(託 tok<sup>3</sup>)</sup>

解：打更具。

區分「杔」、「托」、「拆」三字，相似。

# 毘 <sup>(皮 pei<sup>4</sup>)</sup>

解：毘濕奴，印度教大神，不讀「秘 bei<sup>3</sup>」濕奴。上面是「田」不是「曰」。

# 郗 <sup>(熙 hei<sup>1</sup>)</sup>

解：姓。

人名：郗公。出於《世語新語》〈郗公含飯〉。其時永嘉之亂，郗公和侄子外甥靠鄉里接濟，漸漸鄉里只能負擔郗公一人。後郗公單獨出去，總是把米飯含在兩個腮幫裏，回到家再吐出來給兩個小孩吃。最終三個人都活了下來。

# 衹 <sup>(姿 zi<sup>1</sup>)</sup> 。

解：恭敬。

留意與「祇」「祗」相似。

# 姝 <sup>(殊 syu<sup>4</sup>)，(朱 zyu<sup>1</sup>)，(書 syu<sup>1</sup>)</sup>

解：美女。

**紆** <sup>(於 jyu<sup>1</sup>)</sup>
詞語：紆迴，彎曲，同「迂迴」。引申：多曲折之路。

**咭** <sup>(吉 gat<sup>1</sup>)</sup>
解：聲音的發音。英文 card 按音譯叫「咭」，聖誕咭或聖誕卡。

**紇** <sup>(吉 gat<sup>1</sup>)，(劾 hat<sup>6</sup>)</sup>
詞語：紇縫，用繩、線縫製。
族名：回紇 (劾)，北方少數民族之一。

**昶** <sup>(廠 cong<sup>2</sup>)</sup>
解：晝長。舒暢。

**俟** <sup>(崎 kei<sup>4</sup>)，(字 zi<sup>6</sup>)</sup>
詞語：俟 (字) 機，候命。
複姓：万俟，讀「麥 mak<sup>6</sup> 期 kei<sup>4</sup>」。「万」非簡體的「萬」字。

**畋** <sup>(田 tin<sup>4</sup>)</sup>
解：打獵。

**殄** <sup>(tin<sup>5</sup>)</sup>
解：殄，絕。
成語：暴殄天物，隨便浪費東西。

**恬** <sup>(甜 tim<sup>4</sup>)，(tim<sup>5</sup>)</sup>
解：恬靜。

# 苣 (巨 geoi⁶)

解：萵 (窩 wo¹) 苣，又叫香筍、萵筍。

# 祛 (軀 keoi¹)

詞語：祛暑、祛風。不讀「協 hip⁶」也不讀「去 heoi³」，平常用「驅風」，不如用正字。

# 袪 (軀 keoi¹)

解：衣袖。《詩經·鄭風·遵大路》：「摻執子之袪兮。」抓住你的衣袖。意思：女方要求男方不要忘情呀！

留意與「祛」似，要區分。

# 訖 (吉 gat¹)，(兀 ngat⁶)

詞語：收訖，收清。

# 趷 (疙 gat⁶)

解：趷腳。

粵俗：躝屍趷路，罵人滾開。

趷腳，跛腳的行姿。

# 耆 (其 kei⁴)

解：老人，耆老。

# 砧 (針 zam¹)

解：就是粵語之砧板。

鬲 <sup>(力 lik⁶)</sup>
解：鼎一種。

鬲

湦 <sup>(經 ging¹)</sup>
成語：湦渭分明，
表示各有各的特色。

徑 <sup>(逕 gaang³)，(敬 ging³)</sup>
解：涉水，讀「逕」。
詞語：小徑(敬)。田徑(敬)賽。

剜 <sup>(豌 wun¹)，(碗 wun²)。</sup>
解：剜肉，挖肉。

戙 <sup>(洞 dung⁶)</sup>
解：一組，或疊高。

粵俗：本取於「天九」牌玩法，要有「一戙」勝了，才可以有資格「結牌」(最後參與決勝)。
一戙都無，一些本錢資格都沒有。
打戙放，把東西豎立放置。
戙起，豎立起。
戙企水魚，喻呆瓜，水魚活捉時要按住的。

捋 <sup>(劣 lyut³)</sup>
解：捋鬚，以手順上而下撫鬚。捋起衣袖。
粵俗：光 / 滑捋捋，非常光滑。

狷 <sup>(眷 gyun³)</sup>

解：狷，性情急躁、耿直。

詞語：狷介，拘謹、或潔身自愛孤高特出者。

屐 <sup>(劇 kek⁶)</sup>

解：木屐。

浜 <sup>(幫 bong¹)</sup>

解：小河流。《沙家浜》，大陸文革八劇之一。「浜」並非「濱」之簡體字也。

烊 <sup>(陽 joeng⁴)，(仰 joeng⁶)</sup>

詞語：打烊，熄滅燈火，引申關門不做生意了。俗讀「打鞅 joeng²」。

鬼麎 <sup>(軌 gwai²)，(麥 maa⁵)</sup>

粵俗：「鬼馬」音轉。

剡 <sup>(染 jim⁵)，(贍 sim⁶)</sup>

解：削。

詞語：斬削，銳利。剡(染)手，舉手。

挐 <sup>(餘 jyu⁴)</sup>

解：牽動。

哴 <sup>(亮 loeng⁶)</sup>

解：吹。或痛苦過度而失聲。

盎 (甕 ong³)，(ngong³)
解：盛大。機器開動聲，亦叫盎盎聲。勿讀
「央 joeng¹」。
成語：趣味盎然，趣味很濃。

埃 (哀 oi¹)，(ngoi¹)
詞語：塵埃。
粵俗：山埃貼士，毒死人之消息。山埃 cyanide，
即氰化物，劇毒。
地名：埃及 Egypt，讀「ngoi¹」。

砸 (扎 zaap³)
解：搗壓，此字常見於鬥爭年代：自己搬石
頭砸自己的腳。

疢 (燃 jin⁴)，(元 jyun⁴)
解：橫疢，炎症一種。

栓 (山 saan¹)
解：塞子。
詞語：栓塞，血管遭阻塞。該讀血「山」塞，勿
讀「全 cyun⁴」。

焓 (圾 saap³)，(合 hap⁶)
解：火的樣子。
詞語：焓（圾）氣。
粵俗：同人焓氣，與他人不和，甚至吵架。
嬰焓（合）焓，很怒或很衝動的表現。

**秭** (子 zi²)
地名：秭歸，湖北一個縣，屈原故鄉。

**訕** (汕 saan³)
詞語：訕笑。搭訕，引別人說話。

**彧** (沃 juk¹)
詞語：彧彧，文彩好。
人名：荀彧，三國曹操謀臣，譽為「操之子房」，
乃曹操平定其他爭權者的良謀。

**宸** (神 san⁴)
解：帝宇，本是北極星所在，宗教上乃帝王
之住所，引申王位。
詞語：宸札。宸遊。

**眚** (省 saang²)
解：過失。又解：日月蝕，泛指災異。

**栽** (災 zoi¹)
詞語：栽贓，插贓。
俚語：栽筋斗，跌倒，做不好的了。
栽 / 倒豎葱，倒立，形容做得不好。

**唁** (現 jin⁶)
詞語：吊唁，祭祀，慰問。勿讀「信 seon³」。

鬯<sup>（暢 coeng<sup>3</sup>）</sup>
解：祭祀用之香酒。
詞語：匕鬯，軍紀嚴明。
人名：劉以鬯。香港著名小説家、編輯，香港公開大學榮譽教授，現代主義作家，作品《酒徒》等。

倀<sup>（窗 coeng<sup>1</sup>），（撐 caang<sup>1</sup>），（瞪 caang<sup>4</sup>）</sup>
解：獨立。幫兇。
成語：為虎作倀（窗）。

殉<sup>（順 seon<sup>6</sup>），（詢 seon<sup>1</sup>）</sup>
解：殉葬。

俺<sup>（厭 jim<sup>3</sup>）</sup>
解：我。

瓞<sup>（秩 dit<sup>6</sup>）</sup>
詞語：瓜瓞，一串串瓜。

臬<sup>（熱 jit<sup>6</sup>），（聶 nip<sup>6</sup>），（nip<sup>3</sup>）</sup>
解：箭靶，測日影之標準。引申：標準。
詞語：圭臬，可效法之法式。

冤<sup>（淵 jyun<sup>1</sup>）</sup>
解：冤枉。
粵俗：冤崩爛臭，極之爛臭。
十冤九仇，怨恨深仇之極。
冤家，指敵對仇人，又引申成為親近的人（又愛又恨）。

無冤不成父子／夫婦，有仇恨才成全今生的父子／
夫婦關係。

# 般若 <sup>(波 bo<sup>1</sup> 野 je<sup>5</sup>)</sup>

解：智慧，prajna，從佛經音譯而來。
不讀「搬 bun<sup>1</sup> 藥 joek<sup>6</sup>」。

# 壩 <sup>(霸 baa<sup>3</sup>)</sup>

同壩。

# 核 <sup>(劾 hat<sup>6</sup>)，(wat<sup>6</sup>)</sup>

解：中心。
詞語：核 (劾) 子彈。果核 (wat<sup>6</sup>)。
粵俗：嘅核，很巧妙。
核突，很難看，很難忍受。

# 恁 <sup>(任 jam<sup>6</sup>)</sup>

解：這樣。古白話用字。

# 挾 <sup>(協 hip<sup>6</sup>)，(俠 happ<sup>6</sup>)</sup>

詞語：挾持。

# 悖 <sup>(焙 bui<sup>6</sup>)，(貝 bui<sup>3</sup>)</sup>

解：悖逆。

# 斾 <sup>(佩 pui<sup>3</sup>)，(貝 bui<sup>3</sup>)</sup>

解：旗。

茜 (扇 sin³)，(西 sai¹)，(善 sin⁶)
解：一種草，金魚缸藻草。

旃 (煎 zin¹)
詞語：旃檀，檀香。

胺 (壓 aat³)，(安 on¹，ngon¹)
解：「壓 aat³」便是我們稱尿好胺，尿臭之正字。後者「安 on¹」，胺 (安) 基酸。

蚤 (早 zou²)
解：蚤、虱二字很易搞錯。跳蚤，常以跳活動，宿主多是動物、人類，雌性吸血。虱又叫蝨，是臭蟲一種，躲在木床上，亦吸血，多先將對象麻痺。

造 (醋 cou³)，(做 zou⁶)，(cou⁵)
詞語：造訪、深造、造詣(偽 ngai⁶)皆讀「醋」。造化、造就讀「做」。
粵俗：生安白造。「造」、「做」之區分：老師教，困難的用造；平常用做。
地名：新造 (cou⁵)，位於番禺。

厝 (醋 cou³)
解：厝房，停屍的地方。台灣有透天厝，由多幢相連的多層房子組成，外國叫排屋。古厝，又稱大厝，古老房子，閩南地區傳統居室。

**窅** (夭 jiu²)
解：深遠。

> 人名：窅娘，南唐李後主宮人，眼深，賜名「窅娘」，善舞，傳以帛包足而舞，為婦女纏足之始。

**窈** (夭 jiu²)，(秒 miu⁵)
詞語：窈窕，心靈儀表俱美之女性。《詩經》：窈窕淑女，君子好逑。

**舀** (擾 jiu²)
解：舀水。

**浞** (燭 zuk¹)
人名：寒浞，不讀「促 cuk¹」，傳說神箭手后羿十分信任寒浞，反被他篡位。

**紕** (丕 pei¹)，(皮 pei⁴)
解：讀「皮」時意為鑲邊。
詞語：紕 (丕) 漏，有漏洞。

**祧** (挑 tiu¹)
詞語：兼祧，兼負起繼承人責任。

**差** (雌 ci¹)，(叉 caa¹，猜 caai¹)，(搓 co¹)
詞語：參差 (雌 ci¹)，不齊。
差 (叉或猜) 差不多。
差 (猜) 人，古已作此稱號，警察。
差 (搓) 跎，同蹉跎。

窅
窈
舀
浞
紕
祧
差

**狸** <sup>(籬 lei⁴)</sup>
詞語：狐狸。

**籹** <sup>(美 mei⁵)</sup>
詞語：籹平，安撫平定。

**娑** <sup>(疏 so¹)</sup>
成語：娑婆世界，從佛經音譯過來，即佛家所言之三千世界。佛祖教化此三千世界，話：我們安於 (苦難)、忍受煩惱，不肯出離。

**罟** <sup>(古 gu²)</sup>
詞語：綑綁。
地名：南丫島索罟灣。

**捏** <sup>(聶 nip⁶)</sup>
解：捏造事實。

**唷** <sup>(喲 jo¹)</sup>
解：感嘆。

**恣** <sup>(次 ci³)</sup>
詞語：恣意，放縱不拘束。

**眙** <sup>(次 ci³)</sup>
解：直看。
成語：目眙不禁，不禁止盯住別人。

# 茨 <sup>(遲 ci<sup>4</sup>)</sup>

詞語：茨菰，俗叫「慈姑」。又茅茨，誤認為茅草頂的廁所。茨菜，一般指薯仔 potato。

> 粵俗：慈姑椗，因男嬰兒的生殖器似此物，故名。

# 祟 <sup>(瑞 seoi<sup>6</sup>)</sup>

詞語：作祟。鬼祟，指不正當行為，俗讀鬼「鼠 syu<sup>2</sup>」。

成語：鬼鬼祟祟，即暗中的邪惡行為。勿讀「鼠」。與「崇」極相似，小心。

# 冥 <sup>(名 ming<sup>4</sup>)，(皿 ming<sup>5</sup>)</sup>

詞語：冥鏹，祭祀用之錢。幽冥，死後到達之地。

# 俶 <sup>(惕 tik<sup>1</sup>)</sup>

詞語：俶儻，同倜儻，男士的風度。

# 剔 <sup>(惕 tik<sup>1</sup>)</sup>

詞語：剔除。

# 埕 <sup>(程 cing<sup>4</sup>)</sup>

解：酒埕。

粵俗：埕埕塔塔，「埕」諧音「情」，喻恩愛。

# 秣 <sup>(抹 mut<sup>3</sup>)</sup>

成語：秣馬厲兵，餵飽馬匹磨利兵器，引申：備戰。

**舐** (徙 saai²)，(saai⁵)，(laai²)，(是 si⁶)

解：舌頭觸到。

成語：舐犢情深，描寫父母愛惜子女的感情。

**埔** (布 bou³)，(鋪 pou¹)

地名：大埔 (布)。柬埔 (鋪) 寨。

**哺** (煲 bou¹)，(捕 bou⁶)

詞語：哺乳，餵乳汁。

**笄** (雞 gai¹)

解：女子十五歲束髮，笄年，女性成年要行笄禮 (男稱冠禮)。用一枝簪子插住挽起的頭髮。

**衰** (雖 seoi¹)，(吹 ceoi¹)

詞語：衰落。衰敗。等衰 (次)，上至下。

粵俗：衰仔，壞兒子。

攞嚟衰，找麻煩。

衰鬼、衰公、衰婆，罵人好壞。

高大衰，外表高大英偉，內則很賤。

人有三衰六旺，有不好、累的時候，也有好的時候。

> 衰，在粵語中都是壞方面之詞。

**恚** (位 wai⁶)

解：忿恨。

詞語：恚怒。恚恨。

訌 <sup>(紅 hung⁴)，(汞 hung³)</sup>
詞語：內訌，內鬥。

訐 <sup>(孑 kit³)，(潔 git³)</sup>
解：攻訐。不讀「許 heoi²」。

捎 <sup>(筲 saau¹)，(消 siu¹)</sup>
解：讀「消」指除去。讀「筲」指取。
詞語：捎（筲）帶，順便帶。

桔 <sup>(潔 git³)，(吉 gat¹)</sup>
解：桔梗。

偈 <sup>(傑 git⁶)，(gai⁶)，(gai²)</sup>
解：讀「傑」時意為疾走，勇武。
詞語：佛偈 (gai⁶)。
港俗：大偈 (gai⁶)，即英語 chief engineer。
傾偈，談話。

掮 <sup>(虔 kin⁴)</sup>
詞語：掮客，中間人。不讀「肩 gin¹」。

堊 <sup>(惡 ok³)</sup>
解：白堊紀，「惡毒」之「惡」音，不是「亞
aa³」，常讀錯音的字。

# 崑 (軍 gwan¹)，(坤 kwan¹)

詞語：崑 (坤) 曲，發源於蘇州崑山縣，流行於清代。

地名：崑 (軍) 崙山，現叫昆侖山，很神秘的山，古書謂內藏神人、怪獸。

# 參 (侵 cam¹)，(攙 caam¹)，(心 sam¹)，(衫 saam¹)

解：參加，參與。又是「三」字的大寫。

詞語：參差，長短不齊。

粵俗：參(攙或侵)埋佢玩，或是土話，多用於口語，指跟他一起玩。

> 成語：曾參(心)殺人，有人告訴曾參阿媽，她的兒子殺了人，頭二次，她不信，再來一次，她信了，爬牆而逃。比喻流言可畏。

# 敕 (戚 cik¹)

解：皇帝親自頒下之命。

詞語：得敕，得到皇令；粵語常用，但錯寫「得戚」。

# 豚 (團 tyun⁴)

解：豬。

# 衒 (沿 jyun⁴)，(炫 jyun⁶)

解：同「炫」，誇張，炫耀消費，為了表示富有的消費。

# 梓 <sup>(子 zi²)</sup>

解：喬木一種，木材。

詞語：梓宮，皇帝棺材。梓童，皇帝正室，典出漢武帝夢梓樹而交衛子夫，得子，封后，因而後稱皇后為梓童。

# 酗 <sup>(淤 jyu³)</sup>

詞語：酗酒，喝酒上癮。

# 痔 <sup>(自 zi⁶)</sup>

解：痔瘡。

# 莞 <sup>(浣 wun⁵)，(管 gun²)</sup>

詞語：莞 (浣) 爾。

地名：東莞 (管)，古稱東官。

# 遄 <sup>(瘓 wun⁶)</sup>

解：逃避。《尚書》：「天作孽，猶可違；自作孽，不可遄。」自己作的過錯，不能逃避報應。

# 荸 <sup>(勃 but⁶)</sup>

詞語：荸薺，粵人叫「馬蹄」。

# 捫 <sup>(門 mun⁴)</sup>

成語：捫心自問，自問良心。

# 眥 <sup>(自 zi⁶)</sup>

詞語：眦眥，眼眶。

成語：眦眥必報，極小的仇恨也要報。

偃 (演 jin²)，(掩 jim²)
成語：偃旗息鼓，倒放軍旗，引申：停戰。

舷 (燃 jin⁴)
解：船邊。

掇 (絕 zyut³)
解：拾取。
詞語：掇弄，玩弄。

啜 (絕 zyut³)
詞語：啜泣，哭不出聲之貌。
粵俗：啜核荔枝，荔枝以核小為佳品，能夠用口吸啜其核，引申：極品。

絀 (絕 zyut³)
詞語：支絀。
成語：支左絀右，金錢不夠。

液 (日 jat⁶)，(亦 jik⁶)
解：物件三態，固體、氣體、液體。

掖 (日 jat⁶)，(亦 jik⁶)
詞語：扶掖，扶持，從旁協助。

脩 (修 sau¹)
詞語：束脩，古時交學費非銀両，用臘肉，叫束脩。

庹 (託 tok³)
解：一種長度。
姓氏：庹震，中國新聞工作者、作家、十大傑出青年。

圉 (汝 jyu⁵)
詞語：圉（玲 ling⁴）圉，邊疆。勿讀「幸 hang⁶」。

渚 (主 zyu²)
解：小州。勿讀「注 zyu³」。
人名：大島渚，日本導演。

紵 (儲 cyu⁵)
解：麻布，同「苧」。粵劇有西施之紵羅訪艷故事。

渌 (六 luk⁶)
解：水名。
歇後語：滾水渌豬腸，愈來愈縮，遞減之意。
滾水渌腳，心急，猶如滾水燙腳，馬上要走。
粵俗：渌熟，用水加熱煮熟。

逯 (六 luk⁶)
解：姓。逯耀東，歷史學者、散文家及美食評論家。

筈 (條 tiu⁴)
解：筈帚，掃把。

淬 <sup>(翠 ceoi³)</sup>
詞語：淬火，煉刀時的步驟，燒再浸。通常
讀「緒 seoi⁵」，錯音。

筻 <sup>(靼 daat³)</sup>
解：竹席。又是拉船索。
粵俗：爛筻，形容性格很爛，不尊重人不尊重己。
姓氏：近年統計，此姓排 496，屬細姓，名人有
筻重光，清朝畫家。

大笪地，香港政府往時撥出空地，可讓小
生意如賣唱、算命、賣熟食、賣武、賣藥、
裁縫等開檔，成為小市民夜總會。

酖 <sup>(擔 daam¹)，(朕 zam⁶)</sup>
解：同「耽」，讀「擔」。讀「朕」，則同
「鴆」字，詞語：酖酒，好酒。

莢 <sup>(夾 gaap³)</sup>
解：豆莢，英語中譯的「一卡鑽石」，克拉(卡
拉 carats) 來源於豆莢，因古時認為種子的重量與
鑽石相同。

堃 <sup>(坤 kwan¹)</sup>
解：地也，又是易卦之一。

莒 (矩 geoi²)

成語：毋忘在莒，春秋時一個小國，齊桓公曾逃亡到此。鮑叔告他「毋忘在莒」，即不忘前事的教訓。勿讀「呂 leoi⁵」。

毋忘在莒

鹵／滷 (老 lou⁵)

詞語：鹵莽、粗鹵。

鹵簿，帝皇專用的儀仗，天子出車駕次第謂之鹵；兵衛以甲盾居外為前導謂之簿。

滷味，用醬料製造的食物。

毬 (球 kau⁴)

解：球類一種，宋代時興此運動。

尉 (屈 wat¹)，(喂 wai³)，(混 wan⁶)

解：讀「混」時同「熨」。

詞語：中尉(喂)。尉官。

姓氏：尉(屈)遲恭，字敬德，唐大將，功臣，傳說是門神之一。

匿 (搦 nik¹)

詞語：匿名，藏匿。

粵俗：伏(僕 buk⁶)匿(喱)匿，捉迷藏。

笥（自 zi⁶）
解：竹器。

笞（雌 ci¹）
詞語：笞刑，俗叫打籐。

匙（時 si⁴），（慈 ci⁴）
詞語：鎖匙 (時)。匙 (慈) 羹。
歇後語：失匙夾萬，沒有實則經濟能力之子弟。

彗（位 wai⁶），（睡 seoi⁶）
解：彗星，掃把星。較著名是哈雷彗星 Hallet，每七十五年在地球可見，上次在 1986 年，表面是彗塵，只有小部份是冰。公元前 466 年中國已有哈雷彗星的記錄。
粵俗：古今中外對掃把星不表好感，掃把星作為渾號是必為凶人。

畦（葵 kwai⁴）
解：菜畦，五十畝地為一畦。不是「娃 waa¹」，多人錯讀。

逮（代 doi⁶），（弟 dai⁶）
詞語：逮捕。
成語：貓逮耗子。
力有不逮，不逮，不及。

莠（有 jau⁵）
解：狗尾草，喻不好的東西。
成語：良莠不齊，好壞混合，難區分。

赧<sup>(戁 naan⁵)</sup>
詞語：赧顏，臉泛微紅。

屜<sup>(締 tai³)</sup>
解：抽屜。
粵俗：櫃桶底，即是最下層盛物地方。

荽<sup>(雖 seoi¹)</sup>
解：芫荽，香菜。

悼<sup>(渡 dou⁶)</sup>
詞語：追悼。悼念。悼唁。

斛<sup>(huk⁶ 酷)，(伏 fuk⁶)</sup>
解：五斗。
詞語：石斛，中藥名。

笮<sup>(昨 zok⁶)</sup>
解：竹索。

舳<sup>(族 zuk⁶)</sup>
詞語：舳艫，船尾或船首。

莎草<sup>(梭 so¹ 草)</sup>
解：原產於埃及尼羅河邊、沼澤中，用
其做紙，便是莎草紙。文化大多起源於能做紙張，
以記文字、圖符等。
不讀「沙 saa¹」草。

# 紹興 <sup>(紹卿 hing¹)</sup>

解：浙江地名，興盛，勿讀「慶 hing³」，多產師爺。名士如魯迅、周恩來等。

# 猝 <sup>(撮 cyut³)</sup>

解：突然。

詞語：猝死，人不病而死，謂之猝死。

粵俗：「該死唔使病。」

# 偌 <sup>(野 je⁶)，(弱 joek⁶)</sup>

詞語：偌大，這麼大。這字常見，但通常讀 錯「諾 nok⁶ 大」。

# 欸 <sup>(矮 aai²)，(oi¹，oi²，ei⁶，ai²，e⁶，ei³，哀 ngoi¹)</sup>

詞語：欸 (矮) 乃一聲。象聲，搖櫓之聲音。現在 用於嘆詞，漫畫書見，有招呼、驚訝、感嘆之意。

# 桿 <sup>(幹 gon³)</sup>

解：圓木條，或大腸桿菌。

# 唷 <sup>(肯 hang²)</sup>

詞語：唷骨。

粵俗：一音之轉成「鯁 kang²」骨。

# 唅
(鹹 haam⁴)，(含 ham⁴)

詞語：唅枝，唅泥起巢。與「銜」、「含」都是把東西放在嘴裏，不嚥也不吐，引申：藏在裏面，不表露。

# 掐
(頰 haap³)

詞語：掐住，用指夾住。

成語：掐指一算。不是「合 hap⁶」指。

# 涮
(汕 saan³)

解：清洗，勿讀「擦 caat³」。北方館子有涮羊肉，粵人不識此字，錯讀「刷」羊肉。

> 往時尖沙嘴某店僱有一名伙頭，專門燒大的炭，可供一桌十二人用。但食環署覺得烤炭發出一氧化碳氣體，又在封密環境內，危險，故取締。

# 袴
(褲 fu³)

解：同「褲」。

成語：紈袴子弟，穿着名貴短衣和絲褲的公子哥兒，貶義。出自《漢書‧敍傳上》：「出與王，許子弟為群，在於綺襦紈褲之間，非其好也。」

# 宿
(秀 sau³)，(叔 suk¹)

詞語：住宿。宿願。

老名宿，老前輩。

星宿(秀)，只有星讀「秀」，其餘皆讀「叔」。

**匏** (刨 paau⁴)
解：匏瓜，即瓢葫蘆瓜。

**掀** (軒 hin¹)
解：掀起一場風波。

**焉** (煙 jin¹)，(然 jin⁴)
解：讀「煙」時用作疑問詞，焉能、焉得？
讀「然」時用作副詞，與有榮焉，善莫大焉。
古文中常用，留意虛實的用法。

**倏** (叔 suk¹)
詞語：倏忽，驟然。不讀「條 tiu⁴」。

**勖** (沃 juk¹)
詞語：勖勉，加以勉勵。

**蚱** (責 zaak³)
解：蚱蜢。不是「炸 zaa³」蜢。

**捻** (撚 nin²)，(nan²)，(nim⁵)，(捏 nip⁶)，(粘 nim¹)
解：搓，搓捻麻繩。
詞語：捻緊，以指取物。

**捩** (列 lit[6])
詞語：轉捩點，事的轉化點。不是轉「淚 leoi[6]」點。

**猋** (彪 biu[1])，(漂 piu[3])
詞語：馬猋 (彪)。猋 (漂) 據。

**殍** (漂 pui[5])
詞語：餓殍，餓死的人。不讀「夫 fu[1]」。

**圈** (喧 hyun[1])，(倦 gyun[6])
解：圈套。豬圈。圈養。

**惓** (權 kyun[4])，(絹 gyun[3])
詞語：惓 (權) 惓，誠懇。《淮南子》：「患 至而後憂之，是猶病者已惓而索良醫也。」此句 的惓讀「絹」，病危。

**涸** (確 kok[3])
解：水乾的意思。不讀「固 gu[3]」。
粵俗：涸水，「水」表示錢，沒有水即沒有錢， 又叫「水塘乾涸」。

# 着／著 (兩字的用法)

解：其實無論「着」、「著」，本字均為「箸」，就是筷子。東漢許慎在《說文解字》曰：「箸，飯敧 (崎 kei¹) 也。從竹者聲。」古時筷子多用竹造，故「箸」字從竹。「敧」字，本義是持物，引申義是傾斜不正，古時詞語叫「敧斜」，現在多用「傾斜」。

無論「着」還是「著」查實都是由「箸」訛變而成的，香港慣常用法，是將「着」當作「著」的派生字，將二字分家以消除歧義。「着」粵音有二讀，「穿着」、「着火」這類詞語讀「爵 zoek³」；「着落」、「着手」讀「嚼 zoek⁶」。「著」則用於「著作」或「著名」之意，音「注 zyu³」。台灣官方接納「著」為正體，把「着」視作異體，只有一個寫法，意思上的差異只用發音來分。大陸普通話方面，發音方式跟台灣的國語一樣，寫法則跟香港一樣，如：台灣寫「穿著」，大陸跟香港一樣寫「穿着」，讀音跟台灣一樣。

**砦** <sup>(寨 zaai⁶)</sup>
詞語：城砦。不讀「癌 ngaam⁴」。

九龍城砦是沒有割讓之地，曾經成為「三不管」地帶，是香港法律執行不到的地方，黃賭毒氾濫，後又成為非法牙醫中心地。港英政府強行拆樓後，建成「城砦公園」，十分典雅，遊人不多而已。

**崴蕤** <sup>(威 wai¹ 銳 jeoi⁶)</sup>
解：花草盛茂，轉音成「威水 seoi²」。

**喟** <sup>(委 wai²)</sup>
解：嘆息。

**嬀** <sup>(龜 gwai¹)</sup>
解：姓氏。不讀「為 wai⁴」。中國古代八十姓氏之一，源於有虞氏，舜帝封地。在嬀水旁，故此為姓。今少人姓此了。

**詔** <sup>(照 ziu³)</sup>，<sup>(趙 ziu⁶)</sup>
詞語：詔書，皇帝發佈的命令。詔獄，皇帝下令收監。
成語：詔告天下，以皇帝名義發告示給天下全民。

**敞** <sup>(廠 cong²)</sup>
解：寬大，寬廣。地方大曰：敞大，這塊廠房寬敞呀！

# 愎 (碧 bik[1])

成語：剛愎自用，出於《左傳·宣公十二年》：
「其佐先穀，剛愎不仁，未肯用命。」春秋時，
晉國楚國發生戰爭，晉將先穀不受命令，擅自進
軍楚國，楚國大夫伍參奏請楚王，先穀剛愎自用，
內部不團結，有機可趁，卒令楚國大勝。
注意：「愎」與「復」不同。

# 惡 (噁 wu[3])，(噁 ok[3])，(堊 ngok[3])，(污 wu[1])

解：讀「污」時作疑問詞、嘆詞。
詞語：交惡 (wu[3])。醜惡 (堊)，惡劣。
粵俗：惡人自有惡人磨、惡家婆偏遇扭紋新抱，
都讀「ok[3]」。

# 詛 (佐 zo[3])

詞語：詛咒，咒罵，咒是唸咒，寄以超自然
能力令事態改變。詛，求超自然力加禍於人，雖
未必有效。港人常讀錯為「嘴 zeoi[2]」。

# 渲 (算 syun[3])，(孫 syun[1])，(圈 hyun[1])

解：國畫一種技法。或言語文辭誇大吹噓，
加強效果，誇大的意思。

# 華 <sup>(話 waa⁶)，(花 faa¹)，(嘩 waa⁴)</sup>

解：姓氏及地名時音「話」，例如華國鋒、華山。

「桃之夭夭，灼灼其華。之子于歸，宜室宜家。」之子于歸常見於嫁女出閣之家門。華便是「花」也。又：華（花）嚴宗。

華（嘩）夏。

# 虛與委蛇 <sup>(虛與威 wai¹ 而 ji⁴)</sup>

解：假意慇懃，敷衍應付，委蛇解隨便應付就算。典故出於《莊子》，云有鄭國神巫叫季咸，與列子之師父壺子鬥法，壺子使用一招虛應，令季咸無以捉摸，大敗而逃。

# 喙 <sup>(悔 fui³)</sup>

解：指鳥獸的嘴。

成語：不容置喙，不要插嘴。人多誤讀「緣 jyun⁴」，有邊讀邊也。

# 朝 <sup>(潮 ciu⁴)，(招 ziu¹)</sup>

詞語：上朝（潮）。朝（潮）向。朝（招）早。

粵俗：今朝（招）有酒今朝醉。

聽朝（招），明天。後朝，後天。

國名：北朝（招）鮮。

# 棘 <sup>(激 gik¹)</sup>

解：針形的刺。

詞語：棘手，比喻事情難處理。荊棘，多刺之物，同樣形容事態棘手難辦。

# 酢 <sup>(鑿 zok⁶)</sup>

解：以酒回敬主人，引申成應酬。又同「醋」。

詞語：酬酢，交際應酬。

# 菁 <sup>(精 zing¹)</sup>

解：菁華，與精華相通。

詞語：菁英。去蕪存菁。天下間果有高人一等的精英分子，作為其他人的領袖，是為精（菁）英主義。

# 蛤 <sup>(霞 haa⁴)，(合 gap³)，(甲 gaap³)</sup>

詞語：蛤蟆（麻 maa⁴ 或幕 mok⁶），即蝦蟆。

蛤蜊，台灣湯品有用此貝類，叫蛤蜊湯。

雪蛤（甲 gaap³）膏，有塗用、有食用，是冬眠雪蛤的內臟。

粵俗：蛤蟆（俗音蝦 haa¹ 髦 mou¹）想食天鵝肉，最醜的想吃最美的，不自量力。

咁大隻蛤（甲）乸隨街跳，哪有這麼好的東西在街邊？

# 斝 <sup>(假 gaa²)</sup>

解：玉杯。

斝

**創** (艙 cong[1]) , (闖 cong[3])
詞語：創 (艙) 傷。創 (闖) 建。

**菅** (奸 gaan[1])
解：草本植物，可做刷。
成語：草菅人命，視人命如草。勿讀草「管 gun[2]」人命。此字與「管」字相似。

**喀** ( 髂 kaa[3] ) , ( 嚇 haak[3] ，卡 kaa[1] ，克 haak[1] ，kak[1])
詞語：喀 (克) 吐。原是仿聲音，喀嚓一聲，喀一聲。
地名：喀 (髂) 什米爾，中印巴邊境。

**猥** (委 wai[2])
詞語：猥褻，指淫穢下流。

猥酒，我念書的時候，送殯後吃之飯叫「解猥酒」，現在叫「解穢酒」。

**勝** (升 sing[1]) , (聖 sing[3])
詞語：勝 (聖) 利。勝 (升) 任，有能力擔任。
粵俗：飲勝，乃鼓勵乾杯，意頭好。
擲「勝杯」又叫擲筊，取勝利之勝。

**湮** (恩 jan[1])
解：滅。
詞語：湮沒。很多錯讀「煙 jin[1]」沒。

飲 (廕 jam³)，(jam²)

詞語：飲(廕)馬，餵馬飲水，動詞使動用法，很少人知此字可這樣用，也不知讀音。

厥 (決 kyut³)

解：昏倒。其，代詞。掘。

成語：大放厥詞，本指鋪張詞藻或暢所欲言，現用來指大發議論。「厥」字有「那個」的意思，含貶義。

絢 (勸 hyun³)

解：絢爛。不讀「旬 ceon⁴」爛。

翕 (泣 jap¹)

解：和合。

詞語：翕翕然。《金瓶梅》有描寫西門慶的興致，便用翕翕然。

訶 (苛 ho¹)

解：訶責。亦同「呵」。

衖 (弄 lung⁶)

解：小巷。

寐 (未 mei⁶)

解：睡。

媚 <sup>(未 mei[6]), (眉 mei[4])</sup>
詞語：諂媚，逢迎。獻媚。媚態。

菲 <sup>(非 fei[1]), (匪 fei[2])</sup>
詞語：芳菲 (非)。菲 (匪) 薄。
粵俗：菲林，即膠片 film。

堝 <sup>(窩 wo[1]), (gwo[1])</sup>
詞語：坩堝 crucible，盛物，最早用於西方
鍊金術之器皿，加熱之用。堝蛋，壞了的蛋。

坩堝

# 貸 <sup>(太 taai³)</sup>

詞語：借貸，高利貸。責無旁貸。

# 隗 <sup>(蟻 ngai⁵)</sup>

解：姓氏。姓蟻也有，我有同學姓蟻。

人名：隗囂，漢朝人，出身軍閥，初王莽劉歆掌權時任官。歆死，他歸鄉里，又降光武帝，後叛變，光武帝西征，隗囂敗滅。

# 覷 <sup>(占 zim¹)，(簽 cim¹)</sup>

解：偷看。

# 跖 <sup>(隻 zek³)，(炙 zik³)</sup>

解：蹠骨。

人名：盜跖，傳說中人物，著名大盜，魯大夫柳下惠之弟，傳有手下九千人。

# 湜 <sup>(夕 zik⁶)</sup>

解：水清。

# 單 <sup>(嬋 sin⁴)，(簷 sim⁴)，(丹 daan¹)，(善 sin⁶)</sup>

詞語：單 (嬋或簷) 于，匈奴王。

成語：單 (丹) 刀赴會。

姓氏：單 (善) 立文，香港男藝員，音樂節目主持人，本身亦愛玩音樂。

**絏** <sup>(洩 sit³)</sup>
解：繫繩。

**觝** <sup>(底 dai²)</sup>
解：牴觸，此字角部首，含有用角牴觸之意。
異體字抵、牴。

**湉** <sup>(甜 tim⁴)</sup>
解：水靜。

**酣** <sup>(含 ham⁴)</sup>
詞語：酣睡。
成語：酒酣耳熱，形容喝得很高興的樣子。

**跛** <sup>(bai¹)，(庇 bei³)，(簸 bo²)</sup>
解：跛腳，有瘸行之意。
粵俗：跛腳了哥自有飛來蜢，了哥（八哥，學人
語之鳥）喜吃蚱蜢，跛了腳怎找食物？但上天安
排有飛來之蚱蜢獻身。喻不要太擔心，上天有安
排的。

**菹** <sup>(追 zeoi¹)</sup>
解：水澤。
詞語：菹醢，古時將犯人剁成肉醬之刑。

**舄** <sup>(色 sik¹)</sup>
解：鞋。

**傍** (鎊 bong⁶)，(旁 pong⁴)
解：隨着。

詞語：傍(鎊)友。依傍(鎊)即靠近。傍(旁)晚。
此字香港兩個廣播電台不同讀法。

**皖** (浣 wun⁵)，(碗 wun²)
解：安徽省簡稱。

**菟** (兔 tou³)
解：菟絲子，草本植物。

《菟絲花》，台灣瓊瑤小說名，講述楚楚
可人女角的遭遇，曾拍電影。

**竦／悚** (聳 sung²)
詞語：竦然，恐懼。竦立，伸長頸，
提腳跟而立，表示恭敬。

**菽** (淑 suk⁶)
解：菽麥。

**絨** (庸 jung⁴)
解：呢絨。

**喁** (榕 jung⁴)
成語：喁喁細語，低聲的說話，表示甜蜜之
話。

**腌** (閹 jim¹)，(靨 jip³)
詞語：腌魚，用香料製過的魚。
粵俗：腌臢，不乾淨，環境污染。又是「罵人諸多挑剔」，即常寫的「閹尖腥悶」。

**焱** (驗 jim⁶)
解：火很旺。

**鈐** (箝 kim⁴)
解：印。不讀「印 jan³」或「今 gam¹」。

**絜** (歇 hit³)
詞語：帶絜，粵語常用，即有人提攜。

**愜** (協 hip⁶)
解：滿意。

**隘** (嗌 aai³)
詞語：險隘，險要地方。狹隘，引申做人太小家，放不開、擴不大。

**貺** (況 fong³)
解：賜給。

**詈** (利 lei⁶)
解：罵。
詞語：詈語，罵人語。如：仆街，罵人不得好死。

敧 <sup>(崎 kei⁴)</sup>
詞語：敧側，偏在一邊，傾斜。

幾 <sup>(機 gei¹)，(紀 gei²)</sup>
詞語：幾(機)乎。幾(紀)多。

遏 <sup>(壓 aat³)</sup>
詞語：遏止，不讀「揭 kit³」止。
成語：怒不可遏，不能停止。

飧 <sup>(孫 syun¹)</sup>
解：晚食。不讀「餐 caan¹」。

尊 <sup>(專 zyun¹)，(津 zeon¹)</sup>
解：讀「津」，同「樽」。
詞語：尊(專)長。

聒 <sup>(括 kut³)</sup>
解：聒耳，大聲令人討厭。

媛 <sup>(沿 jyun⁴)，(遠 jyun⁶)，(緩 wun⁴)</sup>
解：名媛，大家之小姐。

喔 <sup>(握 ak¹)</sup>
解：雞叫。今「喔」多作助語詞，表示感嘆、
原本如此等。

**賁** (奔 ban[1])，(秘 bei[3])，(墳 fan[4])

解：虎賁 (奔) 將，不讀虎「憤 fan[5]」，乃古代一種將領稱號。讀「奔」時解充滿能量走得快速。又解：裝飾。

詞語：賁飾。賁 (秘) 臨，貴客來到。

**棧** (賺 zaan[6])

詞語：客棧。

成語：明修棧道，暗渡陳倉。表面一套，實另有計劃。

**毯** (坦 taan[2])，(taam[2])

解：毛毯，即粵人所講之「氈 zin[1]」。

**瘔** (鄙 pei[2])，(mau[1])

詞語：地瘔 (mau[1])，形容都是流氓、蹲在街邊的人。

瘔 (鄙) 塊，中醫話胸腹有氣及硬塊。

**觚** (沽 gu[1])

解：觚，方木。

詞語：操觚，古代書寫的木筒，引申：不加思索便完成文章。

**彘** (自 zi[6])

解：豬。史上最著名乃人彘，呂后因極妒而行之酷刑，切手腳，弄啞聾。

**啻**（廁 ci³）
解：只是。

**詁**（古 gu²）
詞語：訓詁，研究古書詞義之學。

**萸**（餘 jyu⁴）
詞語：茱萸，一種殺蟲消毒逐寒植物，重陽節，王維一首詩：「遙知兄弟登高處，遍插茱萸少一人」，有懷念之意。

**腴**（餘 jyu⁴）
解：肥腴。

**馭**（禦 jyu⁶）
解：統馭。

**費**（秘 bei³），（廢 fai³）
詞語：浪費（廢）。
姓氏：讀「秘」，費長房。費穆。費明儀。

**掰**（擘 mak³），（拜 baai¹），（擺 baai²）
粵俗：掰（擘）開雙眼、掰大口得個窿等語。即張大。

**揣**（娶 ceoi²），（喘 cyun²）
詞語：揣摩。揣手，將手放在懷裏。

# 黹 <sup>(子 zi²)</sup>
解：針黹。

# 軹 <sup>(址 zi²)</sup>
解：軸端。

# 旒 <sup>(劉 lau⁴)</sup>
解：皇帝之旒冕（帝冠上的一排珠簾），或他的旗帶、旗覲帶。

# 渾 <sup>(雲 wan⁴)，(混 wan⁶)</sup>
解：渾濁，渾沌即混沌。

# 廄 <sup>(夠 gau³)</sup>
解：馬房。

# 菸 <sup>(煙 jin¹)</sup>
解：菸草。

# 窘 <sup>(困 kwan³)</sup>
詞語：窘迫、窘乏，很困，很尷尬的樣子。

# 睏 <sup>(困 kwan³)</sup>
詞語：很倦，主要是睡意。

# 冪 <sup>(覓 mik⁶)</sup>
解：蓋上布。
人名：楊冪，國內紅女星，曾嫁劉愷威成一時佳話。

**棼** <sup>(墳 fan⁴)</sup>
詞語：棼亂。
成語：治絲益棼，找不到頭緒，愈理愈亂。

**窖** <sup>(較 gaau³)</sup>
解：香港叫「地牢」，普通話叫「地庫」。

**滘** <sup>(較 gaau³)</sup>
地名：香港有大埔滘、西貢有滘西州。

**窟** <sup>(忽 fat¹)</sup>
解：洞穴。

> 粵俗：「屎『忽』」正字，亦作「朏」。
> 呢一窟地，這一塊地。
> 留返一窟畀我，留下一塊給我。
> 避諱，吳哥窟變讀吳哥「屈 wat¹」。

**貽** <sup>(誼 ji⁴)</sup>
成語：貽笑大方。

**肄** <sup>(二 ji⁶)，(試 si³)</sup>
詞語：肄業，在這裏讀過書，不同畢業。

**肆** <sup>(試 si³)</sup>
解：四的大寫。
詞語：食肆，食物館子。放肆，放任行事。
成語：肆無忌憚，沒有畏懼的任意妄為。
與「肄」字形相似，小心。

**媲** (譬 pei[3])，(比 bei[2])
解：媲美，不是比美。

**裨** (卑 bei[1])
解：增加補助。與解作給與的「畀」不同意思。
詞語：裨益。

**溜** (漏 lau[6]，樓 lau[4])，(liu[1])
解：溜走。
粵俗：不溜(嬲)，一向。舊溜(漏)，一大塊東西。溜(漏)口溜(漏)舌，口吃之貌。溜水口，亦作雷水口，故宮飾龍口、西方飾怪獸。

**縠** (構 gau[3])
解：箭在射程之內。不讀「縠 hok[3]」。
詞語：入縠，人才為其掌握及羅致。

**剿** (抄 caau[1])，(沼 ziu[2])
詞語：剿滅，圍剿。如抄襲則有：剿襲。

**皙** (色 sik[1])
解：白色。不讀「晢 zit[3]」。

**幌** (訪 fong[2])
解：幌子，招牌旗。
成語：賣個幌子，出一些假、掩眼的招數。

# 鳩 (摳 kau¹)，(勾 gau¹)，(kau²)

解：一種鳥，班鳩。

成語：鵲巢鳩佔，鵲、鳩都是鳥類，鳩懶、霸道，常佔鵲巢為己用，引申：霸佔別人的地方為己有。

# 跴 (踩 caai²)

粵俗：跴線，在邊緣上，如跴綱索。走險着。

# 睬 (彩 coi²)

粵俗：睬，理會。唔睬你。

# 滇 (顛 din¹)，(填 tin⁴)

解：雲南的簡稱。

# 鈿 (電 din⁶)，(田 tin⁴)

解：銅鈿，金錢。上海話：阿拉唔乜銅鈿，我沒有銀呀！

# 豢 (患 waan⁶)

解：養，古有「豢龍術」便是如何飼養及訓練龍的活動，已失傳。姑妄聽之。

# 筠 (雲 wan⁴)，(君 gwan¹)

解：竹皮。地名讀「君」，名字亦多人讀「君」音。

人名：溫庭筠，唐詩人，字飛卿，與李商隱等齊名，花間派詩人。

# 稗 <sup>(敗 baai⁶)</sup>

詞語：稗子，説那些不能生長的壞種子，引申成壞分子。

> 稗史，有本名著《清稗類抄》使用此字，這本是筆記式的作品，記述甚多中國古代掌故、軼事、人和事札記，徐珂著。稗類，不是「敗類」。

# 睦 <sup>(木 muk⁶)</sup>

解：和好，和睦。

# 貉 <sup>(學 hok⁶)</sup>

解：一種野獸，貍，很似狐，穴居、獵魚蝦，皮毛「貉絨」美而賣錢。

成語：一丘之貉，都是同一類壞人，沒有分別。

# 愴 <sup>(創 cong³)</sup>，<sup>(廠 cong²)</sup>

解：悲愴。

# 銃 <sup>(衝 cung¹)</sup>

解：發射子彈的槍。

# 嗅 <sup>(湊 cau³)</sup>，<sup>(控 hung³)</sup>

詞語：嗅覺。人類嗅覺正在退化中。

# 輋 <sup>(邪 ce⁴)</sup>

地名：沙田上禾輋，下禾輋。

**嗝** <sup>(革 gaak³)</sup>
解：打嗝，飽嗝，胃發出聲音，即粵俗「打嘶嗌」。

**禁** <sup>(甘 gam¹)，(噤 gam³)，(襟 kam¹)</sup>
詞語：禁 (噤) 止。監禁。禁 (襟) 用即耐用，粵語古雅，禁用便是一例。
成語：弱不禁 (甘) 風。

**筧** <sup>(簡 gaan²)</sup>
解：竹管。

**睨** <sup>(偽 ngai⁶)</sup>
解：斜視。
詞語：睥 (pai⁵) 睨，眼睛斜看，卑視厭惡，亦有監視之意。

**馱** <sup>(駝 to⁴)</sup>
解：馱，負物也叫馱。
粵俗：婦女懷孕叫馱仔。
右邊不是「犬」或「太」。

**僇** <sup>(六 luk⁶)</sup>
解：同「戮」。

**睩** <sup>(碌 luk¹)</sup>
詞語：睩眼，眼球轉動，形容怒的樣子。

**嗄**<sup>(沙 saa³)</sup>
解：嗄啞。嗄，表示驚訝，省悟。
粵俗：咁惡搞嗄！（同「啊」）
留意與「嘎」相似。

**僉**<sup>(簽 cim¹)</sup>
解：皆。
詞語：僉謀，眾人籌劃。

**跣**<sup>(癬 sin²)</sup>
解：光着腳。
成語：披頭跣足，喻衣冠不整。

**歇**<sup>(挈 hit³)</sup>
解：休息或停止。
詞語：歇業。
歇後語，歇去後半部之語，不直接說明，要人揣測隱藏的意思，即是「藏詞」。

**載**<sup>(再 zoi³)，(宰 zoi²)</sup>
詞語：盛載。
成語：滿載（再）而歸，古時車載物及人，勿讀「宰」。
千載（宰）難逢。
諺語：有學富五車之說，五架車子載滿其胸中書墨。

**溥**<sup>(譜 pou²)</sup>
解：普通。
人名：溥儀，清朝最後一位皇帝。

**絛** (滔 tou[1])

詞語：絛蟲，一種寄生蟲，存在動物消化系統中。

**滓** (子 zi[2])

詞語：渣子、渣滓，都是垢滓，話人渣滓，即是最下等的剩物，比垃圾更沒用。

成語：渣滓不如。

**歆** (音 jam[1])

詞語：歆羨、歆慕，羨慕。

歆享，鬼神享受祭品。

**傳** (攢 zyun[6])，(轉 zyun[3])，(全 cyun[4])

詞語：傳(攢)記。傳(轉)驛。傳(全)達。

**雋** (俊 zeon[3])，(吮 syun[5])，(cyun[5])

解：同「俊」。又解：肥肉。

成語：文章雋(吮)永，文章意味深長。不讀「俊」。

**畸** (基 gei[1])

詞語：畸形，不是「K 形」。

**褚** (儲 cyu[5])，(處 cyu[2])

解：以絲綿裝衣服。

詞語：褚幕，蓋棺之紅布。

姓氏：褚(處)遂良，政治家，大書法家，博學多才，精通文史，堅決反對立武則天為后，被貶，卒於任上。

**麂** <sup>(己 gei²)</sup>
解：麂類。

**覬** <sup>(記 gei³)</sup>
詞語：覬覦 (記魚 jyu⁴)，渴望得到不屬於自己的東西，非份的希望或企圖。

**趑** <sup>(枝 zi¹)</sup>
詞語：趑趄 (追)，疑懼不敢前往。

**碁** <sup>(其 kei⁴)</sup>
解：同棋。

**頎** <sup>(期 kei⁴)</sup>
解：修長，細長，有長的意思，即高。

**萱** <sup>(圈 hyun¹)</sup>
解：萱草，中國有「母親」之意，孟郊詩：「萱草生堂階，游子行天涯，慈母依堂前，不見萱草花。」母親又稱：萱親。

**溯** <sup>(素 sou³)</sup>
解：逆水流的方向走，引申為追求事情或事物的根源。公務員加薪可以追溯前多月；法律上也有追溯期。

酩 (名 ming⁴)
詞語：酩酊，讀「名鼎 ding²」，大醉貌，迷迷糊糊，不知道發生甚麼。小心與「酪」字相似。

酪 (路 lou⁶)，(洛 lok³)
詞語：奶酪。杏仁酪。

楞 (凌 ling⁴)，(另 ling⁶)
成語：楞頭楞腦，呆頭呆腦。

煢 (鯨 king⁴)
詞語：煢獨，孤單，《楚辭》：夫何煢獨而不予聽。

嗯 (ng²，悟 ng⁶，五 ng⁵)
解：嘆息詞。

嗑 (呷 haap³)
解：咬開。
詞語：嗑瓜子。

戡 (勘 ham¹)
詞語：戡亂，用武力平亂。

**葭**（加 gaa¹）
詞語：蒹葭，《詩經・秦風》：「蒹葭蒼蒼，白露為霜」。蘆葦大片，清晨露水未乾，此乃借景生情。

**嗦**（數 sok³），（梭 so¹）
詞語：哆（多 do¹）嗦，粵語解作長氣。
粵俗：雞嗦（或寫「嗉」）咁多，很小量，好像雞胃之少。

**塑**（掃 sok³），（素 sou³）
解：塑膠。

**煦**（許 heoi²）
成語：春風和煦，春天的風暖和。

**媼**（襖 ou²）
解：老婦人，常讀錯「老溫 wan¹」。

**慄**（栗 leot⁶）
解：戰慄。

**輊**（志 zi³）
詞語：軒輊，古時上車，前高、後低為軒，前低、後高為輊。
成語：不分軒輊，不能區分高下。

# 雉 <sup>(自 zi⁶)</sup>

解：山雞。

詞語：雉雞尾，舞台上武將頭上戴戰冠，有雉雞尾，用山雞尾巴做成，有彈力又顯示威武。

後排表演者的頭冠上有雉翎

# 筊 <sup>(小 siu²)，(兆 siu⁶)</sup>

解：細竹。

# 鄢 <sup>(焉 jin¹)</sup>

解：地名，春秋時周屬國之一。

姓氏：此姓排 436，名人有：宋進士鄢發、中國歌手鄢栩嘉。

**煬** (陽 joeng⁴)
詞語：熔煬，熔金屬。
人名：隋煬帝。

**勣** (績 zik¹)
解：同「績」。
詞語：功勣。

**裼** (錫 sik³)
詞語：袒裼，赤身露體，勿誤袒「剔 tik¹」。

**媵** (認 jing⁶)
解：陪嫁之女人。
詞語：妾媵。

**彙** (位 wai⁶)，(匯 wui⁶)
解：聚合。
詞語：彙集。

**罫** (拐 gwaai²)，(話 waa⁶)
解：棋盤上的方格，讀「拐」。阻礙，讀「話」。

**遝** (踏 daap⁶)
詞語：雜遝，很多人。

**滑** (骨 gwat¹)，(猾 waat⁶)
詞語：滑稽，舊讀「骨」稽，今讀「猾」稽。
濕滑（猾）。

煬
勣
裼
媵
彙
罫
遝
滑

**瘀** (淤 jyu$^{3}$)，(jyu$^{2}$)
詞語：瘀血。
粵俗：好瘀，很尷尬，表示做不對事，很慚愧。

**犍** (肩 gin$^{1}$)
解：閹了的牛。
國名：犍陀羅 Gandhalaya，古印度十六國之一，其特色是「印度希臘化」之造像。

**詰** (孑 kit$^{3}$)，(吉 gat$^{1}$)
詞語：詰問，追問，責問。
成語：詰屈聱牙，形容讀起上來發音困難，引申很艱澀。

**愆** (牽 hin$^{1}$)
解：罪過。

**剽** (漂 piu$^{5}$)
解：剽掠。

**毽** (建 gin$^{3}$)
解：毽子，俗叫「硯子」，兒時玩具，多用舊報裁成圓形疊起，上加羽毛。只能用腳踢，或用胸口、髆頭接住，不能用手掌接。眾人玩時，不讓毽子墮地。

**毹** (餘 jyu$^{4}$)
詞語：氍毹，地氈。

**裴** (培 pui⁴)
姓氏：裴宣，《水滸傳》小說人物，為人聰明忠直，人稱「鐵面孔目」。

**會** (匯 wui⁶)，(劊 kui²)，(kui³)，(wui⁵)，(薈 wui³)
解：會 (匯) 見。會 (kui² 或 kui³) 計。
地名：會 (儈) 稽。

**鳧** (芙 fu⁴)
解：水鴨。薄扶林早期叫「薄鳧林」。

**塢** (滸 wu²)，(奧 ou³)
詞語：船塢。

**搗** (滸 wu²)
詞語：掩蓋。

**蜇** (節 zit³)
解：海蜇，粵俗「白炸」，水母也。早年叫交通警做「白炸」，因套有白衣袖。

**睫** (捷 zit⁶)
解：眼睫。

**觥** (轟 gwang¹)，(光 gwong¹)
成語：觥 (酒杯) 籌 (飲酒計算牌) 交錯，形容喝酒場面。不讀「晃 fong²」。

# 嗆 <sup></sup>(昌 coeng¹)，(唱 coeng³)
解：嗆(昌)咳，咳到噴。嗆鼻，則讀「唱」。

# 戥 <sup></sup>(等 dang²)，(鄧 dang⁶)
解：一種量度微重量的工具，用於量藥材或貴金屬。

粵俗：戥(鄧)人高興，為人家高興。

戥(鄧)手：沉重。

> 戥穿石，解作伴郎。源起鄉間往市集，推獨輪車，一邊放豬隻，另一邊不平衡，便放戥豬石，乃重量相等之石頭，賣了豬後，戥豬石不要了。好比伴郎只在行禮其間有用，過後棄而不用。「豬」「穿」一音之轉，成了戥穿石。

# 稔 <sup></sup>(脸 nam⁵)，(粘 nim¹)，(飪 jam⁵)
詞語：豐稔(脸)，農作物成熟。

稔(飪)熟，很熟絡的友人。

山稔(粘)，果名，香港的郊野出產，很酸的，小童也採來吃。

# 瘌 / 鬎 <sup></sup>(辣 laat⁶)
解：瘌瘌。

粵俗：鄙視的描寫，頭皮上患皮膚疾、產生頭癬，脫落頭髮，謂之瘌瘌頭。有句：有頭髮邊個想做瘌瘌？

# 覡 (劾 hat⁶)

解：巫師分男女，男的是覡。不讀「米 mai⁵」。

# 犒 (耗 hou³)

詞語：犒賞，以酒肉或財物慰勞士卒，不讀「稿 gou²」賞。

# 鉸 (狡 gaau²)，(較 gaau³)

解：鉸剪，日常用「較剪」。

# 瞅 (醜 cau²)

粵俗：瞅睬，不理會，瞅，看也。

# 鳶 (淵 jyun¹)

解：鷹的一種。紙鳶不讀紙「妖 jiu¹」，乃紙「淵」。

# 蜿 (淵 jyun¹)，(丸 jyun²)

解：蜿蜒，蛇爬行狀。

# 蒯 (拐 gwaai²)

姓氏：蒯通，辯才大家，韓信用之，後韓信自立，蒯被誅，善於游説。

# 嘖 (責 zaak³)，(積 zik¹)

解：嘖嘖，讚歎之表情。

**漬** (至 zi³)，(字 zi⁶)，(即 zik¹)
詞語：血漬。浸漬。
日語：茶漬飯。

**賒** (些 se¹)
詞語：賒賬。
粵俗語：大富由借，小富由賒。賒錢，欠錢。

**斡** (挖 waat³)
詞語：斡旋，做中間人調停，不讀「斡 gon³」旋。

**骯** (ong¹)
解：骯髒。一年級便學此深字。

**綸** (關 gwaan¹)，(倫 leon⁴)
解：青色的絲帶。
成語：羽扇綸(關)巾，描寫孔明拿着羽扇，戴上綸巾之樣子。
滿腹經綸(倫)，經綸，飽學。

**斠** (角 gok³)，(教 gaau³)
解：斗斠，量穀物時，用器具使穀物與斗斛平齊，指刮平斗斛的器具。引申主持公平、劃一。
詞語：斠(教)訂，校訂。

**肇** (紹 siu⁶)
詞語：肇事。發生事情。

**褐** (喝 hot[3])
解：近似啡色的顏色。勿讀「揭 kit[3]」。
詞語：褐煤，一種不貴重之煤炭，引申粗衣、短褐。

**嘎** (加 gaa[1])
解：一種聲音。留意與「戛」的分別。成語「戛然而止」解突然終止，出於《文史通義·古文十弊》。

**慳** (擎 haan[1])
解：有些似吝嗇。
成語：知慳識儉，懂得節儉。
緣慳一面，沒有見的機會，有嘆息之意。
粵俗：大富由奸、小富由慳。

**膂** (旅 leoi[3])
詞語：膂力，體力。歷史記載，董卓膂力過人，力大之謂也。

**禡** (啞 ngaa[2])
詞語：尾禡、做禡，很多行業都供夥記每月吃兩餐 (農曆初二、十六) 好菜色，順祭土地公公，年尾一餐 (十二月十六) 叫「尾禡」。

**彆** (鱉 bit[3])
解：彆扭，不順心、吵架。

**蜣** (薑 geong[1])
解：蜣螂，俗叫「屎殼郎」，埃及稱「聖甲蟲」。

**翥** (注 zyu³)，(主 zyu²)

解：起飛。

成語：翥鳳翔鸞，美妙的舞姿，描寫傳說中的神鳥鳳凰舞姿美妙。

**嫗** (瘀 jyu²，淤 jyu³)

解：老婦，非老「區 au¹」。

**慟** (洞 dung⁶)

詞語：慟哭。

**緇** (之 zi¹)

解：黑色。

**綦** (基 gei¹)，(其 kei⁴)

詞語：綦巾，未嫁姑娘穿的青白色衣服。

> 姓氏：綦崇禮，宋代名士，女詞人李清照曾撰信〈投翰林學士綦崇禮啟〉答謝他讓自己免於兩年的牢獄之災。

**漣** (連 lin⁴)

解：漣漪。漪音「伊 ji¹」「倚 ji²」都有人讀。

**奩** (廉 lim⁴)

解：妝奩，出嫁之物品。孔尚任《桃花扇·卻奩》是 DSE 文學科指定篇章之一。

**舔** (忝 tim²)

解：用舌輕觸。

粵俗：舔些豉油，整色整水。

**舺** (夾 gaap³)

成語：舺手舺腳乃正字，俗用：夾手夾腳。

**壍** (暹 cim³)

詞語：天壍，天然的大壕溝，不讀天「斬zaam²」。

**劄** (札 zaat³)，(閘 zaap⁶)

解：同「札」，學習寫作、編劇的人，要把所見、所聞、所思筆記下來，便是札記。作動詞之札，讀「閘 zaap⁶」，如：班長札名。俄作家契柯夫有《契柯夫札記》，乃是他的有趣見聞。

書名：《廿二史劄記》，內容簡要說明正史，清趙翼作的一本心得之書，由史記至明史。

**頗** (坡 po¹)，(跛 po²)

解：很。

詞語：偏頗 (坡)。

人名：廉頗 (坡)，戰國趙國大將，伐齊一役大勝，封上卿。與文官藺相如交惡，後慚愧，負荊請罪。又有諺語：廉頗老矣，尚能飯否？老，並不是他問題。

# 緋 <sup>(非 fei¹)</sup>

解：紅色。

詞語：緋聞，紅色代表桃紅色的消息，引申有關男女不正常關係。勿讀「匪 fei²」聞。

成語：紅粉緋緋，表示面色泛紅光。

# 臧 <sup>(莊 zong¹)</sup>

解：讚揚。

詞語：臧否。

成語：臧否評論，讚與彈之評論。

臧穀亡羊，喻事不同而實則一樣，出於《莊子·駢拇》：一位仁兄阿臧、一位仁兄阿穀，二人都牧羊，一讀書、一賭博遊戲，都失了羊，最後結果一樣。

姓氏：臧克家，詩人、人大代表、政協。山東農民詩人。

# 蒟 <sup>(舉 geoi²)</sup>

解：蒟蒻 (弱 joek⁶)，粵俗稱：魔芋。

# 褌 <sup>(軍 gwan¹)</sup>

解：短褲，古人之底褲。

# 蓍 <sup>(詩 si¹)</sup>

解：蓍草，古用作卜算，因信該種草含神秘力量。

説<sup>(碎 seoy³)</sup>，(乙 jyut⁶)，(雪 syut³)
解：同「悦」。游説（碎）。説（雪）話。三個音分別三種意思。

蒐<sup>(搜 sau²)</sup>
解：搜集，集合資料，此字不讀「鬼 gwai²」。

酹<sup>(劣 lyut³)，(賴 laai⁶)，(淚 leoi⁶)</sup>
解：祭之以酒，通常倒酒於地上。

> 蘇軾詞句「一尊還酹江月」，用酒致祭，詩人用酹酒來表示衷心的敬意。

蜷<sup>(權 kyun⁴)</sup>
解：蜷伏，捲身伏，不讀「卷 gyun²」。

幗<sup>(郭 gwok³)</sup>
詞語：巾幗，女性。

旖<sup>(倚 ji²)</sup>
解：柔美。
詞語：旖旎。
粵俗：呢單嘢好「旖膩 nei⁵」，好麻煩不易搞。

閤 / 闔<sup>(合 hap⁶)</sup>
成語：閤府統請。

# 颯 <sup>(圾 saap³)</sup>

詞語：颯颯，風聲。

# 䖝 <sup>(仁 jan⁴)</sup>

詞語：䖝緣，向上巴結靠拉關，保上升。
䖝夜，深夜。

# 綻 <sup>(賺 zaan⁶)</sup>

詞語：破綻，有綻開的地方，引申：有線索可追尋。

# 跟 <sup>(狼 long⁴)</sup>

詞語：跟蹌，不正常之行，一仆一碌。

# 雒 <sup>(洛 lok³)</sup>

解：雒，古地名。

# 犖 <sup>(洛 lok³)</sup>

詞語：卓大。

# 槓 <sup>(隴 lung⁵)</sup>，<sup>(鋼 gong³)</sup>

詞語：樟木槓（隴）、金山槓。單槓（鋼）。
粵俗：今次出邊槓（隴），今次出哪一招。
搉（燙）槓，廣州屋前有橫木成柵，可橫開，謂之。
又打麻將，每遇四隻同樣，可以開槓（鋼）。

# 瞀 <sup>(茂 mau⁶)</sup>

解：眼花、盲人。不是盲「毛」。
粵俗：「瞀里」即此詞。是否粗俗？並不。

# 骰 (投 tau⁴)，(色 sik¹)

解：骰子。有人研究，唐朝才傳入六面的骰子，之前只有兩面。現在東西方都用六面，刻上一至六數。俗讀「色」子。

# 菈 (利 lei⁶)

詞語：菈臨，光臨。不讀「離 lei⁴」。

# 翡 (匪 fei²)

詞語：翡翠。

# 蒡 (綁 bong²)

解：牛蒡，可食用一種草生植物，種子牛蒡子可入藥。

# 閩 (文 man⁴)，(吻 man⁵)

解：福建。

# 匱 (跪 gwai⁶)

解：同「櫃」。缺乏。中醫名著《金匱要略》。

# 箍 (孤 ku¹)

詞語：箍頸，這字僻，香港有「箍頸黨」，打劫路人，報道後人人皆識。箍煲，舊時物質缺乏，砂漏了，有專門技工以鐵線扎煲，或補漏的。現在引申為：修補男女關係。

# 綴 (最 zeoi³)，(聚 zeoi⁶)

詞語：點綴，裝飾一下，令到更美觀。

**蜑** (但 daan⁶)

解：蜑家，水上人，又蛋家，不是一隻蛋之蛋音。香港早年(未被英佔時)很多蜑家人，只有船為家。據傳：乃文天祥後人，被逐下海生活。

**摑** (gwaak³)，(國 gwok³)
解：打耳光。

**寤** (誤 ng⁶)
解：睡醒。同「悟」。

**箝** (黔 kim⁴)
解：箝制。粵俗有「箝」，多以為金屬製「鉗」，實在古用竹製。

**戩** (展 zin²)
解：戩滅，剪滅。
人名：二郎神楊戩。

**歉** (協 hip³)，(欠 him³)
詞語：道歉(協)。歉(欠)收。

**漸** (zim⁶)，(占 zim¹)
詞語：逐漸(zim⁶)。漸(占 zim¹)染，浸潤。

**墊** (電 din⁶)
解：墊支，代支付。
粵俗：賭或玩牌，沒有適分出的牌便要「墊」。

# 餅 <sup></sup>(丙 bing²)，(餠 beng²)
詞語：餅(丙)食。餅(餠)乾。
成語：畫餅充飢。

# 銘 <sup></sup>(名 ming⁴)
成語：銘感於心。
人名：李柱銘，不讀「冥 ming⁵」。

# 綮 <sup></sup>(慶 hing³)，(啟 kai²)
詞語：肯綮(慶)，着骨之肉謂之「肯」，結處謂之綮，引申重要關鍵。綮(啟)戟，古代官吏出行時用的儀仗。

# 幘 <sup></sup>(績 zik¹)
解：頭巾，古平民用巾裹頭，曰幘巾。

# 摭 <sup></sup>(隻 zek³)
解：拾取。

# 儆 <sup></sup>(警 ging²)，(geng⁶)
詞語：儆惡。
成語：殺一儆百、以儆效尤，不寫「警」。
粵俗：儆(geng⁶)惜。
儆(geng⁶)住儆住，小心小心。

# 熨 <sup>(慶 hing³)</sup>

粵俗：好熨，很怒。

熨過辣雞，辣雞，燒焊器，形容很不滿，周身火般熱。

# 蓯 <sup>(匆 cung¹)</sup>

解：用於玉蓯蓉，有沙漠人參之稱，乃寄生植物，中藥用，有壯陽之效。

# 箠 <sup>(嘴 zeoi²，追 zeoi¹，誰 seoi⁴，除 ceoi⁴)</sup>

詞語：箠杖，竹做的刑具，打擊用。

# 潦 <sup>(老 lou⁵)</sup>

解：通「潻」，大雨，雨後積水。

詞語：潦草。潦倒、旱潦。

俗語：潦倒寒酸，窮途末路。不讀「遼 liu⁴」倒。

# 潻 <sup>(路 lou⁶)，(勞 lou⁴)</sup>

解：水浸，讀「路」。大波浪，讀「勞」。

# 獒 <sup>(熬 ngou⁴)</sup>

解：西藏獒犬。

# 諏 <sup>(舟 zau¹)</sup>

詞語：諮諏，詢問。諏訪。諏吉，擇好日子。

成語：諮諏善道。

# 澄 <sup>(鄧 dang⁶，呈 cing⁴)</sup>

詞語：澄（呈）清。澄（鄧）麵，不是麵條，是一種開了粉的東西，用作包餃子、雲吞之用。

# 揮 <sup>(但 daan⁶)，(善 sin⁶)</sup>

解：本「撣」字。拂塵，揮去塵用之拂，道士及太監手中必拿工具。

族名：揮（善 sin⁶）族，少數民族。

# 鴇 <sup>(保 bou²)</sup>

解：鴇母，龜婆，原本是一種鳥，古人觀察，牠至淫，不論鳳、鶯、鷹、鴉一律交配，故鄙視之，引申作為養妓女為生之女人。此字常錯讀。

# 論 <sup>(倫 leon⁴)，(吝 leon⁶)</sup>

詞語：論（倫）語，四書之一。評論（吝）。

# 襈 <sup>(圈 hyun¹)</sup>

姓氏：源早，出於姬姓。名人有：電影監製襈嘉珍。

# 嘬 <sup>(咄 zyut³)，(祭 caai³)</sup>

解：吸。咬，大口大口吃。

詞語：吸嘬。

粵俗：嘬筒，吸管。

# 輟 <sup>(絕 zyut³)</sup>

解：輟學，停學。

## 諄 (津 zeon¹)
解：懇切。不讀「循 ceon⁴ 循」教導。

## 噎 (謁 jit³)
詞語：哽噎，哭泣而乏聲。不讀「咽 jin¹」。

成語：因噎廢食，怕打噎而不吃，引申：小題大做，愚昧之舉。

## 撳 (噤 gam⁶)
解：以手按物，如在櫃員機撳錢。

## 磕 (合 hap⁶)
解：磕頭，叩頭。

## 瞌 (合 hap⁶)
解：瞌眼。與「磕」「嗑」字很相似。

## 蔑 (滅 mit⁶)
解：蔑視，輕視、鄙視。

## 踮 (店 dim³)，(點 dim²)
詞語：踮腳，抬起腳，用腳尖着地而立，似跳芭蕾舞。

## 廡 (武 mou⁵)
解：屋宇兩邊房子。

**數** (掃 sou²，素 sou³)，(索 sok³)，(促 cuk¹)
解：動詞，計數。解細密時讀「促」。
粵俗：燒數簿，諧音粗語。

**賚** (睞 loi⁶)
解：賞賜。
詞語：賚品。

**憧憬** (充 cung¹ 景 ging²)
詞語：嚮往。因為常用於電子發聲傳媒，已少人讀錯「童 tung⁴」景。

**摯** (志 zi³)
解：摯友。

**澎** (彭 paang⁴)
詞語：澎湃，奔騰大的水流。
地名：澎湖。

**皚** (而 ji⁴)，(呆 ngoi⁴)
解：潔白。
成語：皚皚白雪，很潔白的雪。

**劌** (季 gwai³)
解：傷，甚僻。有古人作名，流行起來。
人名：曹劌，春秋時代人，最著名乃分析作戰心理，「一鼓作氣，再而衰，三而竭」。利用最強的士氣力戰，至今仍是行軍要旨。

**餑** (勃 but[6])

解：餅，形如饅頭。

**磐** (盤 pun[4])

解：磐石。《聖經》用來形容耶穌，祂是我們信仰的根基和磐石，永不動搖！

**潰** (賄 kui[2])

解：潰瘍，胃潰瘍。留意寫法與「潰」相似。

**噌** (cang[1]，憎 zang[1]，撐 caang[1])

解：一種聲音。

日文：味噌湯。

**幡** (番 faan[1])

解：幡巾，一般指招魂用的長旗。

粵俚語：拉 (豎) 起幡巾有鬼到，鬼指衰人。

**撨** (繳 giu[2])

解：抹。

粵俗：膝頭撨眼淚，形容處於很悽慘的狀況，蹲下用膝頭抹淚。

**噆** (摻 cam[3])，(摻 caam[2]，侵 cam[2])，(朕 zam[6])，(浸 zam[3])

粵俗：噆 (摻或侵) 氣，亦作「譖氣」，囉唆，吟噆 (朕)。

# 斲 <sup>（啄 doek³）</sup>

解：砍、削。

成語：斲輪老手，削木製造車輪，指對某種事情經驗豐富的人，典出《莊子・天道》：「以行年七十而老斲輪。」

> 俗借用對「性技巧」很有經驗的人，例如秦王嬴政找來性能力強之嫪毒（路 lou⁶ 狨 aai²）侍候母后。

# 輛 <sup>（量 loeng⁶），（倆 loeng⁵）</sup>

解：車輛。

# 樊 <sup>（帆 faan⁴）</sup>

詞語：樊籠，用以關閉鳥獸的籠，引申：沒自由。

姓氏：樊梨花，不讀「範 faan⁶」。

# 觭 <sup>（乩 gei¹），（崎 kei¹）</sup>

解：單，同「奇」（箕）字。

詞語：觭角。傾觭。觭夢。

# 髯 <sup>（嫌 jim⁴）</sup>

解：鬚。關羽、朱同都號美髯公。

# 緘 <sup>（監 gaam¹）</sup>

解：緘默，指閉口不言。在錄口供前，保持不說話之權利，即緘默之權利。

**褪** (tan³)，(退 teoi³)
解：褪後。顏色變淡。
粵語説：後退，褪後、退步都叫「打倒（套 tou³）褪」。

**樂** (肴 ngaau⁶)，(洛 lok⁶)，(岳 ngok⁶)，(胳 lok³)
詞語：快樂（洛），希治閣名句：錢銀可能買走不快樂而已（但不能買到快樂）。樂（岳）器。
成語：仁者樂（肴）山，喜好遊山。
姓氏：樂（胳）易玲，無綫電視高層。

**輦** (璉 lin⁵)
解：載帝王之車。

**撓** (錨 naau⁴)
解：阻撓，或撓癢，輕輕撓。勿讀「朽 jau²」。
成語：抓耳撓腮。
不屈不撓，不屈服的意思。

**虢** (隙 gwik¹)
解：中國古代國名。

**噁** (惡 ok³)，(ngok³)，(wu³)
詞語：噁心，很討厭。
粵俗：彎身，噁（wu³）低頭。

**褫** (此 $ci^2$)，(雌 $ci^1$)
解：剝奪，常聽用此語，便是依法剝奪已頒的名譽。如羅佩芝被褫奪香港小姐冠軍、劉夢熊被褫奪勳章。

**翫** (換 $wun^6$)，(還 $waan^4$)
解：同「玩」。
成語：翫忽職守，不注重自己的專業道德，很兒戲的處理。

**撟** (繑 $kiu^5$)，(轎 $giu^6$)，(繳 $giu^2$)
詞語：撟 (轎或繳) 捷，快捷。
粵俗：咁撟 (繑)，這麼湊巧。

**嘋** (照 $ziu^3$)，(趙 $ziu^6$)
解：咬爛，通「嚼」，例如：嘋 (趙) 爛至好吞。
詞語：嘋 (照) 類，活下來之人。

**熨** (屈 $wat^1$)，(混 $wan^6$)，(趟 $tong^3$)
詞語：熨 (屈) 貼，很合適。熨 (趟) 衣服。

**潸** (山 $saan^1$)
成語：潸然淚下，落淚不止。

**調** (掉 $diu^6$)，(條 $tiu^4$)
詞語：調查、聲調、調動皆讀「掉」。調和、調劑、調笑都讀「條」。
有句「音樂的調子能調和感情」，試讀。

奭 <sup>(色 sik<sup>1</sup>)</sup>
解：盛大。
人名：漢元帝劉奭。

暴 <sup>(僕 buk<sup>6</sup>)，(捕 bou<sup>6</sup>)，(博 bok<sup>3</sup>)</sup>
詞語：暴(捕)力。
成語：一暴(僕)十寒，只做一次，有始無終。
青筋盡暴(博)，形容頭上、頸上的靜脈血管暴現，
忿怒之態。

蝙 <sup>(邊 bin<sup>1</sup>)</sup>
解：蝙蝠，「蝠」中國諧音「福」，故珍而
重之。西方以其似魔鬼，厭之。

憋 <sup>(鱉 bit<sup>3</sup>)</sup>
解：強忍。
詞語：憋氣，忍住氣。

翩 <sup>(篇 pin<sup>1</sup>)</sup>
解：疾飛。
成語：翩翩風度，形容男性風度不凡。

緜 <sup>(綿 min<sup>4</sup>)</sup>
解：同「綿」。

# 魅 (未 mei[6])

解：魅是傳說中的山怪，古人以為萬物有靈，鬼可修成精怪，多數害人，有魑魅魍魎說。鬼亦分多種，佛家說有三十六種，最下為「餓鬼」，上等之鬼有錢財的，並不依中國古代「人死曰鬼」說法。魅引申成為有超自然能力者，有神秘吸引力。勿讀「昧 mui[6]」。

詞語：魅影，不讀「妹 mui[6]」影。

# 踟 (遲 ci[4])

詞語：踟躕，徘徊不前。

# 糍 (詞 ci[4])

詞語：糯米糍，一種以糯米做的小糕。

# 撒姐 (薩 saat[3] 者 ze[2]，俗叫撒哆 de[2])

解：多用於女性，又叫撒嬌。女性以姿態、語言或身體動作表達嬌態，以求注意。嬌態可人，但亦有不喜這種表現的。

# 嘿 (希 hei[1])，(墨 mak[6])

解：感嘆、不言，同「默」。

詞語：嘿嘿 (希希)，笑聲。

# 赭 (者 ze[2])

解：赤色，舊時說：買赭 (者) 色衣服。

# 毆 (嘔 au[2])

詞語：毆打。互毆。

粵俗：毆你一鑊。籐膳毆豬肉，籐條打在肉上。

**麩** (夫 fu¹)
解：麥麩。

**骷** (夫 fu¹)
詞語：骷髏頭，死屍之頂骨。

**頫** (府 fu²)
詞語：頫頫。頫凶即叩首。

**廟** (妙 miu⁶)
解：廟堂。

**篋** (俠 haap⁶)
解：書篋，裝東西的盒。俗叫唸。

**頡** (子 kit³)，(杭 hong⁴)，(潔 git³)，(壓 aat³)
詞語：頡(子)頏，鳥上下而飛，引申、不相上下，互相制衡。又有截取之義，讀「潔」。

**撩** (寥 liu⁴)，(溜 liu¹)，(料 liu²)
詞語：挑撥、挑逗皆讀「寥」。撩(溜)起衣襟。撩(料)耳。撩火，攪動火苗。
粵俗：撩(寥)女仔，勾引女性。
成語：眼花撩(寥)亂，元王實甫《西廂記·第一本·第一折》：「只教人眼花撩亂口難言，魂靈兒飛在半天。」也作「眼花瞭亂」、「眼花繚亂」。

# 澆 (驕 giu¹)，(僥 hiu¹)
詞語：澆水。

# 窳 (羽 jyu⁵)
解：粗劣，不結實，敗壞，懶惰。
詞語：良窳不一，有好的有壞的。

# 樗 (樞 syu¹)
解：臭椿，木材一種。
成語：樗朽之材，無用之材。

# 麾 (揮 fai¹)
解：軍旗，不讀「毛 mou⁴」。這是英女皇
訪港時鬧的大笑話，某唐人高官讀「麾
下」為「毛下」。

# 撬 (轎 giu⁶)，(竅 hiu³)
詞語：撬起。
粵俗：撬牆腳，將別人的愛人或得力助手以手段
或利益挖走。
拗撬，有矛盾爭執。

# 橇 (翠 ceoi³)
解：雪橇。與「撬」極相似。

**錯** (cok³)，(挫 co³)，(措 cou³)

解：同「措」。

詞語：錯 (挫) 誤。

成語：錯 (cok³) 綜複雜，根據孔穎達《易經繫辭疏》，這裏的「錯」解作交錯，綜解作總聚，意指將很多不同類別的東西放在一起，十分複雜。

**橐** (托 tok³)，(洛 lok⁶)

解：袋。

詞語：橐駝，即駱駝。

**盦** (庵 ngam¹)

解：一種古器皿。

盦

# 縊 <sup>(翳 ai³)</sup>

解：勒死。明崇禎帝亡國，上煤山吊頸自縊。正史、戲曲都有載。

# 褸 <sup>(旅 leoi³)</sup>

詞語：襤褸，與「縷」同音，不是「樓 lau⁴」或「柳 lau⁵」。

# 磬 <sup>(慶 hing³)</sup>

解：青磬，和尚唸經用的工具。青磬、紅魚，表示出了家。

# 鋸 <sup>(句 goei³)，(goe³)</sup>

解：鋸木。

# 歔 <sup>(虛 heoi¹)</sup>

詞語：欷歔。

# 閼 <sup>(煙 jin¹)，(壓 aat³)</sup>

詞語：夭閼，阻擋，人事物早逝。

姓氏：閼伯，五帝時期天文學家，也是商族部落的始祖。堯稱帝後，封閼伯為火正，後世尊為「火神」。

# 諺 <sup>(現 jin⁶)</sup>

詞語：諺語，便是慣用語，很多粵語、俗語都有哲理，歷年經平民慣用，約定俗成。

**謁** (噎 jit³)，(揭 kit³)
解：謁見。

**瘸** (騎 ke⁴)
粵俗：瘸離，或瘸離怪，都是笑人跂 (其 kei⁴) 腳。

**骼** (格 gaak³)
解：骨骼，勿錯讀骨「洛 lok³」。

**瞠** (撐 caang¹)
解：直看，瞠着眼的意思。
粵俗：瞠大雙眼做人，要看清楚周圍的人，周圍的人會害你的，小心。

**禪** (善 sin⁶)，(簪 sim⁴，嬋 sin⁴)
詞語：禪 (善) 讓。坐禪 (簪或嬋)。

**褶** (接 zip³)
解：褶裙，古服已有。

**歙** (攝 sip³)，(吸 kap¹)
解：同「吸」字。
地名：安徽歙 (攝) 縣。

**徼** (叫 giu³)，(么 jiu¹)，(僥 giu¹)
解：徼 (叫) 巡，巡察。僥 (么) 功。同「僥」，徼倖。

# 噤 <sup>(禁 gam³)</sup>

成語：噤若寒蟬，閉口，不作聲，蟬振翅如鳴，寒蟬則不振。

# 噶 <sup>(加 gaa¹)</sup>

解：用於藏族地名或人名。噶瑪巴（Karmapa），藏傳佛教中的大寶法王。噶廈，原西藏地方政府。噶倫，古西藏之重臣。

# 髹 <sup>(休 jau¹)</sup>

解：髹油。

# 曇 <sup>(痰 taam⁴)</sup>

成語：曇花一現，只在很短時間內出現，俗讀「壇 taan⁴」花。

曇花

**憩** <sup>(器 hei³)</sup>

解：休息，香港常有休憩處，人多不識此字，勿寫成「憇」，勿讀「恬 tim⁵」音。

**罹** <sup>(離 lei⁴)</sup>

詞語：罹難。與「羅」形似。

**盥** <sup>(貫 gun³)</sup>

解：洗手或洗滌，大陸公共交通工具常有盥洗間，港人不識此字，勿讀「碗 wun²」。

**嬖** <sup>(屁 pei³)</sup>

詞語：嬖幸，寵愛女人及下臣。

**翮** <sup>(革 gaak³)</sup>

解：翼。
詞語：飛翮。

**嬴** <sup>(形 jing⁴)</sup>

解：姓氏，秦始皇姓。

**噫** <sup>(依 ji¹)，(aai³)，(扼 ak¹, ngaai³)</sup>

解：嘆詞。又解：吹。

**劓** <sup>(二 ji⁶)，(鼻 bei⁶)</sup>

解：割鼻刑。

**髭** <sup>(枝 zi¹)</sup>

解：唇上之鬚。

藠 (kiu²)，(僑 kiu⁴)
詞語：藠頭即薤白。藠麵，一種用蕎麥做的麵條。

鴞 (囂 hiu¹)
解：梟鳥。

嬛 (圈 hyun¹)，(鯨 king⁴)，(環 waan⁴)
解：通「煢」(鯨)字，孤獨。
詞語：便嬛 (圈)，輕柔美麗。嫏嬛 (還)，天帝藏書處。大陸連續劇《甄嬛傳》讀「環」。

臻 (津 zeon¹)
解：到。
成語：日臻完善，日漸完美。

噱 (腳 koek⁶)，(劇 kek⁶)
解：噱頭。

篡 (傘 saan³)，(寸 cyun³)
解：篡位，下級奪取君位。

曌 (照 ziu³)
解：武則天自創名字。

鞘 (俏 ciu³)，(捎 saau¹)，(修 sau¹)
解：殼。
詞語：劍鞘。鞭鞘。

**謏** (小 siu²)，(守 sau²)
解：同「小」。

**縣** (願 jyun⁶)，(圓 jyun⁴)，(苑 jyun²)
解：一個行政單位，於省之下，鄉之上。
詞語：縣官。

**龜** (君 gwan¹)，(歸 gwai¹)
解：皮裂，同「皸」。
詞語：龜(君)裂，天氣寒冷而令手腳皮膚破裂。
地名：龜茲(溝遲)，古國名。

龜本象徵長壽，唐之前有很多人改此字為
名。唐之後樂戶(玩音樂的人，半妓半伶，
地位低)皆戴綠頭巾，似龜暗綠色的頭，遂
稱戴綠頭巾者為「龜」，如：龜奴，妓院
裏的男僕；龜子，指鴇母的丈夫或妓院裏
的男僕；龜公，妻子與其他異性有不正當
關係的男子，即戴綠帽，「龜公」又解男
生殖器。《金瓶梅》：「今老爹……大身材，
一表人物，也曾吃藥養龜。」

**氅** (廠 cong²)
解：大衣。

**噩** (ngok⁶)
詞語：噩耗，壞消息。噩夢，不是「惡夢」。

**隰** (雜 zaap[6])

解：濕地，或新墾之田地。

**澡** (祖 zou[2])，(燥 cou[3])

解：洗澡。

**操** (醋 cou[3])，(粗 cou[1])

詞語：操(醋)守。體操(粗)。也是普通話之粗話，「操(普通話與粵音有別)他娘」。

人名：曹操，一般讀「粗」，也有認為是讀「醋」。

成語：穩操(粗)勝券。同室操(粗)戈。

**噲** (快 faai[3])

解：通「快」字。解作吞咽。勿讀「儈 kui[2]」。

人名：樊噲，劉邦倩兄(他太太的妹夫)。

**螞** (罵 maa[6])，(馬 maa[5])

詞語：螞(罵)蚱。螞(馬)蟻。

**篪** (遲 ci[4])

解：一種樂器。

**曄** (葉 jip[6])

解：光明，不讀「華 waa[4]」。

**駢** (便 pin[4])，(瓶 ping[4])

解：兩車並駕一車。

詞語：駢體文，四字、富多對仗、押韻的文章。

瞥 (撇 pit3)
解：快一看。

鴟 (雌 ci1)
解：鴟鵂 (休 jau1) ，貓頭鷹。

靛 (電 din6)
解：靛青，一種顏色。

駭 (蟹 haai5)
詞語：駭客，電腦黑客，很多人讀成「核子」之「核 hat6」。
成語：驚濤駭浪，很得人驚的風浪。

黜 (出 ceot1)，(卒 zeot1)，(綴 zyut3)
解：黜職。貶黜。
成語：罷黜百家，百家，很多不同之學説，百花齊放，但漢朝董仲舒提出罷黜百家，獨尊儒術，流傳二千多年。

繈 (強 koeng5)
解：繈褓。

皤 (婆 po4)
解：白色。勿讀「番 faan1」。
詞語：皤腹，大肚子。

蕻 (汞 hung6)
解：茂盛。
詞語：雪裏蕻，芥菜一種。

# 擢 <sup>(昨 zok<sup>6</sup>)</sup>

詞語：拔擢，提拔升級。

# 簌 <sup>(速 cuk<sup>1</sup>)</sup>

解：茂密。

# 謖 <sup>(縮 suk<sup>1</sup>)</sup>

解：挺立。

人名：馬謖，三國蜀漢參軍，諸葛亮揮淚斬馬謖。

# 餿 <sup>(叔 suk<sup>1</sup>)，(收 sau<sup>1</sup>)</sup>

解：餿(叔)味，酸酸餿餿。餿(收)水，廚餘，
多用來餵豬。

# 薜 <sup>(陛 bai<sup>6</sup>)</sup>

解：蔓生植物，可以飲用，我念古文時，有
「薜荔蒙恥」之句。後來，又識朋友姓薜，兩個字，
為何搞亂？薜荔，不是「薜」荔。

# 罄 <sup>(慶 hing<sup>3</sup>)</sup>

解：盡、用完。

詞語：售罄。

# 餳 <sup>(程 cing<sup>4</sup>)</sup>

解：麥芽糖，中國古有之糖份。

**豁** (括 kut³)
解：裂開。免除。
詞語：豁免，豁達。

**臀** (團 tyun⁴)
解：屁股。

**賸** (剩 sing⁶)
解：同「剩」。

**膺** (鷹 jing¹)
解：胸，填膺，便是填胸。動詞時解擔當，接受任務。
詞語：榮膺，承擔。

**縷** (呂 leoi⁵)，(柳 lau⁵)
解：絲線，或作量詞用。
成語：一縷坎煙，亦有字典音「柳」。

**豳** (賓 ban¹)
解：古國名，有說「賓州」由來。

**嬪** (瀕 pan⁴)，(鬢 ban³)
解：古時皇帝納的女人，只用作生孩子。

**縴** (獻 hin³)，(牽 hin¹)
解：縴(獻)汁，菜餚中的粉汁。縴(牽)夫，幫忙拉船的人。

# 氈 (煎 zin¹)
解：氈被。

# 蟊 (矛 maau⁴)
詞語：蟊賊，吃苗的蟲，引申：壞蛋。

# 澀 (濕 sap¹)，(圾 saap³)，(息 sik¹)，(劫 gip³)
詞語：味道很辛辣謂之澀 (劫)，又讀「圾」
或「濕」，引申：人生苦澀。

# 礁 (焦 ziu¹)
解：海裏的岩石。澳洲東部對開有珊瑚礁，
曰大堡礁，乃全世界最大，由生或死的珊瑚積成
之大礁，有些可住人。

# 嬲 (鳥 niu⁵)，(nau¹)
解：互弄、糾纏讀「鳥」。發怒讀「nau¹」。
粵俗：唔發嬲便瓦燒，瓦不能燃，表示不能不發
怒。
亦有戲言：兩男夾一女便成嬲怒之源。
又有「不嬲」，常常之解。

# 瞭 (僚 liu⁴)，(了 liu⁵)
詞語：瞭解，同「了解」。

# 嚏 (涕 tai³)
解：噴嚏。
粵俗：打乞嗤，不讀「癡 ci¹」。

# 毐 <sup>(拉 laai¹)</sup>

解：最尾。

粵俗：毐仔拉心肝，指毐仔、毐女都是父母最疼愛的。

# 蒯 <sup>(繼 gai³)</sup>

解：古代州名。

# 谿 <sup>(溪 kai¹)</sup>

解：溪流，窄於五米曰溪。

詞語：勃谿，爭執。

# 龠 <sup>(藥 joek⁶)</sup>

解：樂器一種。

# 彌 <sup>(微 mei⁴)</sup>

詞語：阿彌陀佛 Amidha。彌撒 Missa。彌賽亞 Messiah。根據《粵音韻彙》，彌的粵音是「尼 nei⁴」，上述外來語粵人讀為「微」或「離 lei⁴」。彌敦道，俗又叫「離」敦道，集非成是了。

# 騁 <sup>(請 cing²)，(聘 ping³)</sup>

詞語：騁足，良馬。馳騁，奔跑。

成語：游目騁懷。又「小園何堪馳騁足」，老闆趕人之客氣語。

# 蹈 <sup>(道 dou⁶)</sup>

解：舞蹈。手舞足蹈，足依節拍而動。勿讀「滔 tou¹」。

成語：重蹈覆轍，再犯同類錯誤。

# 擬 (以 ji⁵)

解：模仿。

詞語：模擬。擬訂。摹擬。擬人法，將對象擬成人，有感情，有性格。

成語：大安旨擬，通常錯用大安「指意」。

# 薄 (泊 bok⁶)

成語：義薄(有讀「迫 bik¹」)雲天，接近之意。

粵俗：薄皮，臉皮很薄易害羞。

畀薄面，給些面子。

薄英英，很薄。

# 螫 (色 sik¹)

解：蜂螫。不是「蟄」。驚蟄(疾 zat⁶)，廿四節氣之一，港人此日打小人。兩字相似，小心。

# 黻 (拂 fat¹)

詞語：黼黻服飾繡花紋，引申好文章。

人名：蔣黻，與羅振玉齊名的金石學家。

# 簋 (鬼 gwai²)

解：古代的圓形器皿載祭品的。

粵俗：九大簋，很豐盛的食物。

簋

**蝈** <sup>(郭 gwok³)</sup>
解：蝈蝈，小昆蟲，形如蝗蟲。

**鼾** <sup>(寒 hon⁴)</sup>
解：鼻鼾。

**戲** <sup>(膚 fu¹)，(汽 hei³)</sup>
詞語：於 (嗚 wu¹) 戲 (膚) 哀哉。遊戲 (汽)。

**賻** <sup>(付 fu⁶)</sup>
詞語：賻儀，即帛金 (不是白金)，喪儀封的錢。

**繇** <sup>(搖 jiu⁴)，(尤 jau⁴)，(就 zau⁶)</sup>
解：通「謠」、「徭」、「由」字。卦名。
人名：鍾繇 (尤)，三國著名書法家。

**繆** <sup>(妙 miu⁶)</sup>
姓氏：繆騫人，港著名女星，出身港姐，得最上鏡小姐獎，任長篇劇女主角，息影後嫁到三藩市。

**斂** <sup>(殮 lim⁶)</sup>
詞語：斂財，指不法地收集財物。

**幬** <sup>(囚 cau⁴)</sup>
解：帳幬。

# 蝥 <sup>(熬 ngou⁴)</sup>

詞語：持蝥，吃蟹，港澳外產肉蟹、膏蟹、走上大石不能回海的蟹，遭日光曬成黃油蟹，美味猶勝大閘蟹。

# 篾 <sup>(滅 mit⁶)</sup>

解：竹篾，搭棚用竹篾紮實。留意與「蔑」不同。

# 殮 <sup>(斂 lim⁶)</sup>

解：入殮，分大殮小殮，大殮即放死者入棺；小殮即替死者清潔、穿壽衣，然後移外堂候親友禮拜。

# 蹇 <sup>(gin², 展 zin², 牽 hin¹)</sup>

解：滯。

成語：時乖命蹇，時運都不好。

# 臊 <sup>(搔 sou¹)，(訴 sou³)</sup>

詞語：腥臊(搔)，羊肉很臊。害臊(訴)，害羞。

粵俚：臊 (多用「蘇」) 蝦仔，嬰兒。

唔食羊肉一身臊，一身麻煩。

臊亨亨，腥味。

# 黝 <sup>(釉 jau²)</sup>

解：淡黑青色，皮膚黝。此字常見，但少識粵音。

# 鍘 <sup>(札 zaat³)</sup>

解：影視《包青天》見之刑具，用以處治奸角，又分等級，有龍頭、虎頭、狗頭之分。不讀「則 zak¹」。

# 鮮 <sup>(先 sin¹)，(癬 sin²)</sup>

詞語：鮮(先)味。

成語：鮮(癬)為人知。

# 薈 <sup>(匯 wui⁶)</sup>

解：草木茂盛，好的東西聚集。

詞語：薈萃。

粵俗：大雜薈／匯／燴，一大堆食物聚集一起。

# 瞶 <sup>(季 gwai³)，(儈 kui²)</sup>

解：盲，與「瞆(儈)」耳聾、「憒(儈)」糊塗二字很相似。

# 鐮／鐮 <sup>(廉 lim⁴)</sup>

解：鐮刀。勿讀「兼 gim¹」。

地名：鎌倉，位於日本神奈川縣。

# 竄 <sup>(喘 cyun²)，(寸 cyun³)</sup>

解：逃跑或亂走，勿讀「鼠 syu²」。

詞語：竄改，惡意增刪內容改動文本。例如：鴉片戰爭原因，英國攻打清朝，不是為制止鴉片之害，是藉口劫掠耳。

# 鬩 <sup>(益 jik¹)，(hik¹)，(gwik¹)</sup>

解：爭吵。勿讀藏匿之「匿 nik¹」。

成語：兄弟鬩牆，典出《詩經‧小雅‧常棣》：「兄弟鬩牆，外禦其侮。」在家裏爭吵，仍可團結抵抗外來的侮辱。

# 瀆 <sup>(讀 duk⁶)</sup>

解：對其他人輕慢不敬。

本意：水溝、河川。四瀆：長江、黃河、淮河、濟水。

詞語：瀆職，不盡責，有虧職守。褻瀆。自瀆。

# 雛 <sup>(鋤 co⁴)</sup>

解：小鳥。雛鳳，讀「初鳳」成習慣，很多人不服叫「鋤鳳」的，叫慣「初鳳鳴」（由任白開班教授的接班人劇團），但正音是「鋤」。

# 戳 <sup>(綽 coek³)，(灼 zoek³)，(cok³)</sup>

詞語：戳穿。戳傷。戳記，便是蓋章。

# 璿 <sup>(船 syun⁴)</sup>

詞語：璿璣，古代測天文儀器，又叫「旋機」，引申：人心輾轉不安。

# 藉口 <sup>(借 ze³ 口)</sup>

解：託詞。舊時讀「借口」，「藉口」近代才流行。小心，乃草花頭之藉。

# 隳 <sup>(揮 fai¹)，(灰 fui¹)</sup>

解：毀壞。又通「惰」。

成語：隳肝瀝膽，描寫忠心，無比赤誠。

**贅** <sup>(聚 zeoi<sup>6</sup>)</sup>
解：多餘的，如贅肉。又古時，男的娶妻入門，如果男人住入女家，叫「入贅」。
詞語：累贅。

**醪** <sup>(癆 lou<sup>4</sup>)</sup>
解：濁酒，並非貶意，只未經蒸餾而已。不讀「膠 gaau<sup>1</sup>」。

**瞼** <sup>(檢 gim<sup>2</sup>)</sup>
解：瞼皮，眼皮。

**燹** <sup>(癬 sin<sup>2</sup>)</sup>
詞語：兵燹，兵亂被放火，引申：戰禍。

**嚕** <sup>(撈 lou<sup>1</sup>)</sup>
成語：嘰哩咕嚕，亂發音，粵音「几喱孤撈」。
粵俗：咕嚕肉，甜酸味之炸豬肉。

**鼬** <sup>(右 jau<sup>6</sup>)</sup>
解：鼬鼠。

**簞** <sup>(單 daan<sup>1</sup>)</sup>
解：一種竹做盛飯皿。不讀「嬋 sin<sup>4</sup>」。孔子說：「一簞食，一瓢飲，在陋巷，人不堪其憂，回 (顏回) 也不改其樂賢哉。」

**繙** <sup>(番 faan<sup>1</sup>)</sup>
解：翻譯。

**黠** (瞎 hat⁶)，(滑 waat⁶)
詞語：狡黠（瞎）。鬼黠（核），粵俗其實古雅，有「鬼黠」一詞，很精靈，狡猾。

**賾** (責 zaak³)
解：奧妙。
成語：探賾索隱，找尋奧秘及隱蔽的東西。

**謫** (宅 zaak⁶)
詞語：謫仙，神仙被貶謫下凡，不是被擲下的。

**鯀** (滾 gwan²)
解：大禹之父名，傳說因不能治水患被誅。

**瀑** (僕 buk⁶)
詞語：瀑布。

**馥** (福 fuk¹)
詞語：馥郁，很香。
人名：田馥甄，台灣流行女歌手，以《女生宿舍》成名。

**襠** (噹 dong¹)，(浪 long⁶)
詞語：褲襠（噹）。
粵俗：穿開襠褲，方便小孩子大小解，形容此人幼稚不堪。

**蹙** (速 cuk$^1$)

詞語：蹙額、蹙眉，緊縮眉部，表示不安。

**蹣** (門 mun$^4$)，(盆 pun$^4$)

詞語：蹣跚，行路不靈活。不讀「滿 mun$^5$」。

**顓** (專 zyun$^1$)

人名：三王五帝之一，顓頊 (沃 juk$^1$)。

**懣** (悶 mun$^6$)

詞語：憤懣，忿恨不平。

**蹩** (鱉 bit$^3$)

解：蹩腳，跛腳。

**聶** (臬 nip$^6$)，(涉 sip$^3$)

解：耳邊細語。

姓氏：聶耳，中國國歌的作者，年輕有為，才情橫溢，可惜英年早逝。

**攆** (璉 lin$^5$)

解：驅逐。

詞語：倒攆猴，太極拳一式。

**襝** (殮 lim$^6$)，(任 jam$^6$，飪 jam$^5$)

詞語：襝衽，整理衣衽，表示尊敬。亦指女子拉起衣服下襬行禮。

**顒** (容 jung⁴)
詞語：顒望，抬頭呆望，仰望之意。

**曜** (耀 jiu⁶)
解：日曜。

**騎** (瘸 ke⁴)，(妓 gei⁶)，(冀 kei³)
詞語：騎(瘸)馬。車騎(妓)。鐵騎(冀)。
動詞名詞之別。

**禰** (尼 nei⁴)，(你 nei⁵)
解：考廟，父廟，父有成德之美。

> 姓氏：禰衡，東漢末文學家，目空一切，
> 罵遍天下人，為黃祖所殺，曹操評：「腐
> 儒舌劍，反自殺矣！」

**藐** (秒 miu⁵)
解：藐視，輕視。
粵俗：藐嘴藐舌，以嘴巴上翹表示卑視之意。

**竅** (撬 hiu³)，(蹺 kiu³)
詞語：竅門，引申作該件事的關鍵。
成語：七竅生煙，喻人有七孔都生煙，很怒的樣
子。

**斷** (鍛 dyun³)，(段 dyun⁶，tyun⁵)
詞語：診斷、斷症、斷定讀「鍛」。解割裂時讀「段」或「tyun⁵」，例如斷層、割斷、斷代史。
粵俗：斷估。

**鏰** (崩 bang¹)
解：原是清末發行的一種銅幣。現在則代指一切小面值的硬幣。
粵俗：少個鏰都唔制，少一個錢都不願做。

**蹺** (囂 hiu¹)，(kiu²，kiu³，kiu⁵)
詞語：蹺 (kiu²，kiu³，kiu⁵) 腳、蹺課。蹺 (囂) 蹊，有些古怪。

**醮** (照 ziu³)
詞語：打醮，道教及民間儀式，以祈福、謝恩，有上祭品或演神功戲。

**簷** (炎 jim⁴)，(襌 sim⁴)
解：同「檐」，檐蛇，粵人都叫「炎蛇」。

**鵪** (春 ceon¹)
解：鵪 (庵 am¹) 鶉，一種可食用之小鳥。
粵俗：鵪鶉咁樣，形容懦弱無膽。

**鎗** (槍 coeng¹)
詞語：鏗鎗，聲音響亮洪壯。

**鵲** (綽 coek³)，(灼 zoek³)
解：喜鵲，乃受歡迎之雀鳥。
民間故事：七夕牛郎織女相會在鵲搭橋上。

**鯗** (賞 soeng²)
解：鰻鯗，醃魚。

**爍** (削 soek³)
詞語：閃爍 (削)，有人讀「閃瀝 lik⁶」，集非成是。

**譙** (潮 ciu⁴)，(俏 ciu³)
詞語：譙樓，城門上瞭望之樓。

**鯛** (刁 diu¹)
解：魚名，不讀「綢 cau⁴」，常見日餐室食單，日文怎叫？

**蟾** (簷 sim⁴)
解：蟾蜍。

**蹲** (敦 deon¹)，(全 cyun⁴)，(尊 zeon¹)
詞語：蹲下，蹲踞而坐。粵謂之踎低、踎監、踎廁。

**靡** (尾 mei⁵)
詞語：靡費，奢侈。
成語：靡靡之音，不讀「非 fei¹ 非 fei¹」之音。

**藜** <sup>(離 lei⁴)</sup>

解：暗器之一，阻路用，如鐵疾藜。不讀「黎
lai⁴」。食店有：詠藜園，傳聞專營擔擔麵，名由
大觀片場導演改。

**羆** <sup>(卑 bei¹)</sup>

解：熊羆，大熊。

**麓** <sup>(碌 luk¹)</sup>

解：山麓。

**識** <sup>(志 zi³)，(色 sik¹)</sup>

詞語：標識(志)。小子識(志)之，苛政猛
於虎也。知識(色)。

**觶** <sup>(志 zi³)</sup>

解：一種酒具。

觶

櫫 <sup>(豬 zyu¹)</sup>
解：揭櫫，公佈、發表。

麴／麯 <sup>(曲 kuk¹)，(菊 guk¹)</sup>
詞語：酒麴（曲）。大麯（菊）酒。

曝 <sup>(僕 buk⁶)</sup>
詞語：曝曬，在太陽熱力下不停的照。

牘 <sup>(讀 duk⁶)</sup>
詞語：尺牘，從前學校有教怎樣寫書信之書。

犢 <sup>(讀 duk⁶)</sup>
諺語：初生之犢不畏虎，初生之牛未見過惡獸，故此不怕老虎。

贇 <sup>(溫 wan¹)</sup>
解：美好。

鯪 <sup>(玲 ling⁴)</sup>
魚名：鯪魚。
粵俗：土鯪魚，即不嫁之女工、媽姐，喻多骨，男士冒犯她，很多首尾（不作「手尾」）。

瀝 <sup>(力 lik⁶)</sup>
詞語：瀝青，石油的副產品，日常鋪馬路。

Tar，俗稱瀝青，成藥，醫生開，對治銀屑病有效，我塗了近四十年。

蟶 <sup>(清 cing[1])</sup>
解：蟶子，不讀「聖 sing[3]」子。

獺 <sup>(擦 caat[3])</sup>
解：很多人讀水「賴 laai[6]」，其實該是水「擦」。

譔 / 饌 <sup>(賺 zaan[6])</sup>
解：食饌。同「撰」。

瓣 <sup>(扮 baan[6])，(範 faan[6])</sup>
解：花瓣。
粵俗：量詞，呢一瓣（範）我掂！

颿 <sup>(帆 faan[4])</sup>
解：即帆。

籀 <sup>(宙 zau[6])</sup>
解：今稱石鼓文，大篆。不讀「留 lau[4]」文。

鏖 <sup>(熬 ou[1])，(鰲 ngou[4])，(ngou[1])</sup>
詞語：鏖戰，戰鬥很激烈。勿讀「聯 lyun[4]」戰。

簿 <sup>(暴 bou[6])</sup>
成語：對簿公堂，原被告雙方在法庭上公開審問爭訟。
粵俗：拍子簿，起草用小簿子。簿記員讀「暴」記員。

**覷** (翠 ceoi³)
詞語：偷覷。多人讀「規 kwai¹」，錯音。

**臘** (蠟 lapp⁶)
詞語：希臘。臘八粥，北方人有「臘八」節，農曆十二月初八祭祖及神靈，該日煮粥。有俗讀「獵 lip⁶」。

**羸** (雷 leoi⁴)
解：弱。
詞語：羸瘦、羸弱都是弱，勿讀「贏 jing⁴」。

**櫚** (雷 leoi⁴)
解：棕櫚樹，勿讀棕「呂 leoi⁵」樹。

**鎩** (殺 saat³)
解：長矛。
成語：鎩羽而歸，羽毛殘落，不得志而歸，比喻失敗。

**簸** (播 bo³)
解：簸箕，筲箕，揚糠除穢之清理用具。中國亦有指紋學，紋中有「簸箕」形的兩大類。
詞語：顛簸。

**纂** (轉 zyun²)
解：編纂。「篡」字與之相似，小心使用。

**攘**（楊 joeng⁴），（養 joeng⁵）
解：偷竊、排斥，如攘夷、攘善、攘人之美等。
詞語：擾攘（養）。
成語：熙來攘往，很多人行走。

**藺**（吝 leon⁶）
姓氏：藺相如，趙國的文官，與老將廉頗不和，狹路相逢互不招呼，後來廉頗負荊請罪，兩人成為好友，流頌千古。

**顢**（門 mun⁴）
詞語：顢頇（看 hon¹），糊塗。

**闡**（展 zin²），（淺 cin²），（禪 sin⁶）
詞語：闡析，作詳細解說。試題常有：闡述某朝代亡國之因，即要詳細分析作答了。

**嚳**（穀 guk¹）
人名：帝嚳，三王五帝之一。

**鶚**（岳 ngok⁶）
解：魚鷹。

**繾**（遣 hin²）
解：情意濃不願分離。

**辮**（邊 bin¹）
解：辮子。

**孽** (熱 jit⁶)，(業 jip⁶)
解：惡因，種種罪過。
詞語：孽子，作孽。

**驚** (質 zat¹)
粵俗：好陰驚，罵人等天收，便是此字。

**鰂** (賊 caak⁶)，(則 zak¹)
解：烏賊。
地名：鰂魚涌。

**攙** (參 caam¹)
詞語：攙扶，錯用「參扶」。

**贏** (形 jing⁴)
解：勝。

**璺** (問 man⁶)
解：裂痕。
粵俚：打破沙盤璺到底，乃諧音、食字。

**齟** (嘴 zeoi²)
詞語：齟齬(乳 jyu⁵)，
上下齒不齊，引申：意見
不合。

**罍** (雷 leoi⁴)
解：盛酒器。

罍

163

**齦** （銀 ngan⁴）
解：齒齦。

**鰥** （關 gwaan¹）
詞語：鰥夫，死了正室未續娶之男性。

**鶻** （骨 gwat¹），（核 wat⁶）
解：鳥名。
詞語：鶻突，意謂不清楚。
成語：兔起鶻落，動作很快。
族名：回鶻 (Uyghur)，又稱回紇（參見 p.54）中國西北方少數民族，曾建立國家。

**蘗** （伯 baak³），（拍 paak³）
解：麥芽。
詞語：黃蘗，黃柏，一種喬木，內皮已黃時入藥。

**饘** （戔 zin¹）
解：濃粥。

**鶼** （兼 gim¹）
詞語：鶼鰈，傳說一種鳥，一目一翼，雌雄須配合方可飛，引申：互相感情深厚，喻夫婦情深。

**貛** （寬 fun¹）
解：一種野獸 badger。不讀「灌 gun³」。有一古玉名「貛睡海棠」贈女友，含「歡」字，汝不明也。

襄 <sup>(佯 joeng⁴)</sup>
解：去除。
詞語：祈襄，祈求上天消災解襄。

衊 <sup>(滅 mit⁶)</sup>
解：誣衊。

齜 <sup>(之 zi¹)</sup>
詞語：齜牙，露出牙齒。
粵俗：齜（依 ji¹）牙鬆槓，忘形之動作。

鷲 <sup>(耀 jiu⁶)，(擾 jiu²，搖 jiu⁴)</sup>
解：鷹一種。
詞語：紙鷲，風箏，即紙鳶（鴛）。

飆 <sup>(彪 biu¹)</sup>
解：暴風，飆車俗稱「飄車」。

驃 <sup>(漂 piu³)，(彪 biu¹，biu⁶)</sup>
解：悍。
詞語：驃勇。
官名：驃騎將軍，最先有霍去病，乃高官，至隋下降至正四品，宋取消。

贔屭 <sup>(避 bei⁶ 器 hei³)</sup> 解：龜身龍頭，龍九子之一，喜負重，多背石碑。有人說：本是「閉翳」兩字。

**鼙** <sup>(皮 pei⁴)</sup>
解：士兵用之小鼓。
詞語：鼙鼓，《長恨歌》：漁陽鼙鼓動地來，驚破霓裳羽衣曲。

**儺** <sup>(挪 no⁴)</sup>
解：驅役，迎神會 (原始祭祀) 以舞蹈逐鬼逐疫，由巫師主持。不讀「攤 taan¹」。

**騾** <sup>(羅 lo⁴)，(雷 leoi⁴)</sup>
解：騾仔 Mule，馬與驢交配之雜種，馬母、驢父，與馬父、驢母的驢騾 hinny 不同。
俗語：揸騾仔，代表一生都辛苦工作，或因牠在動物界只能做粗重工夫，不勝任被騎吧。

**霾** <sup>(埋 maai⁴)</sup>
解：迷霧，空氣中多懸浮粒子造成，乃空氣污染。
詞語：陰霾。

**龔** <sup>(公 gung¹)</sup>
姓氏：龔秋霞，明星。勿讀「拱 gung²」。

**轡** <sup>(庇 bei³)</sup>
解：馬繮。

**鰲** <sup>(熬 ngou⁴)</sup>
成語：獨佔鰲頭，古時宮門前台階有鰲魚雕刻，科舉發榜點中第一名，狀元佔此位置，故名。

**贋** <sup>(雁 ngaan<sup>6</sup>)</sup> 詞語：贋品，假東西。勿讀「英 jing<sup>1</sup>」品。

**饔** <sup>(翁 jung<sup>1</sup>)</sup>
解：早餐。
成語：饔飧不繼，沒有連續的餐食。

**鬻** <sup>(玉 juk<sup>6</sup>)，(捉 zuk<sup>1</sup>)</sup>
解：同粥。
成語：賣官鬻(玉)爵，用錢買官職，再行貪污。
粵俗：鬻(卓 coek<sup>3</sup>)熟生菜，用熱水沸淥生菜。

**糴** <sup>(笛 dek<sup>6</sup>)</sup>
詞語：糴米，買米。此詞甚古，年輕人已少用，但上了年紀的老一輩仍然用「糴米」，不叫「買米」。

**齬** <sup>(禹 jyu<sup>5</sup>)</sup>
詞語：齟(咀 zeoi<sup>2</sup>)齬，牙齒上下對不上，引申：不齊，不投契。

**疊** <sup>(碟 dip<sup>6</sup>)</sup>
解：重疊。

**孌** <sup>(戀 lyun<sup>5</sup>)</sup>
詞語：孌童 paedophilia，乃精神病，患者認為兒童有性吸引力，狎玩之，屬文明社會犯法行為。

# 儼 (染 jim⁵)
解：儼然。

# 鑊 (穫 wok⁶)
解：金屬製之烹飪器具。

> 粵俗：大鑊，有認為是「大禍」轉音。有
> 一故事：五十年代有舞女被流氓禁錮輪姦
> 七次，作供時向法庭用「七鑊」表示被姦
> 七次，後「開鑊」用以性交代名詞；「見
> 一鑊打一鑊」又代表性交數量。

# 瓤 (囊 nong⁴)
解：瓤瓜。

# 黴 (微 mei⁴)
解：青黴素。

# 鑠 (削 soek³)
解：熔。
成語：震古鑠今，令到古今都震動，形容十分轟動。

# 蠲 (涓 gyun¹)
解：免除、使之清潔。

# 饜 (厭 jim³)
解：滿足。

# 髑 <sup>(讀 duk⁶)</sup>

詞語：髑髏，常讀錯「枯 fu¹」。

# 層 <sup>(腌 jip³)</sup>

解：俗叫「酒窩」。

詞語：笑層。

# 攥 <sup>(賺 zaan⁶)</sup>

解：用手抓緊。

# 蘸 <sup>(湛 zaam³)</sup>

解：把物品浸在水中。

詞語：蘸墨。蘸豉油。蘸淚，表示假眼淚。

# 讎 <sup>(酬 cau⁴)</sup>

解：同「仇」。

# 鱟 <sup>(後 hau⁶)</sup>

解：一種甲魚。

粵俗：有人引申為女性春情發動。有「發鱟」之形容，因雌魚常背雄魚而游，今寫「姣」，無解。荃灣有街叫鱟地坊。

鱟

**驟** (就 zau[6])，(棹 zaau[6])
詞語：步驟。驟雨。

**齷** (握 ak[1])
詞語：齷齪 (速 cuk[1])，不乾淨，引申：氣量狹小，瑣碎。

**讖** (懺 cam[3])，(杉 caam[3])
詞語：讖緯，預測吉凶的言論或徵兆，乃兩本玄學書，出於秦漢方士。讖，利用不盡不實、模棱兩可之隱語預示吉凶，後來演變成求籤。緯 (留意絲字旁) 乃漢代附會儒家經典衍生之類書，有「內學」之稱。原本的，反叫「外學」。兩本都是政治預言之書，令當時士人沉迷。

**贛** (禁 gam[3])
解：江西。勿讀「貢 gung[3]」。

**鑫** (音 jam[1])，(坎 ham[1])
解：多金，世人希望財富，以為有錢便事足，喜改此字為名。

**矗** (速 cuk[1])
解：矗立。

**黌** (紅 hung[4])
解：現在之大學。
詞語：黌宮。

**糶** (跳 tiu[3])
詞語：賣米，與「糴」相對。

纛 （杜 dou⁶），（讀 duk⁶）
解：大旗。

釁 （印 jan³）
解：挑釁。

躡 （捏 nip⁶）
解：跟着。

殲 （漸 zim⁶）
解：鬼死，辟邪咒符。鬼已死的，何以再死？傳說中鬼怪不是長生的，有死亡一天，灰飛煙滅，此曰殲。

髖 （寬 fun¹）
解：髖骨。

觀 （貫 gun³），（官 gun¹）
詞語：道觀（貫）。觀（官）察，看，觀人於微。

臠 （戀 lyun⁵）
詞語：禁臠，曾有豬肉非常珍貴，只上貢於皇，引申：禁止染指的東西。

鑰 （藥 joek⁶）
解：鑰匙。

躥 （村 cyun¹）
解：急跳。

**讞** (現 jin⁶)，(熱 jit⁶)，(獻 hin³)，(演 jin⁵)
詞語：定讞，確定的文件。

**顴** (權 kyun⁴)
解：顴骨。

**黷** (讀 duk⁶)
解：隨便或污穢。
詞語：干黷，冒犯也。
成語：窮兵黷武，好戰。

**鑽** (專 zyun¹)，(轉 zyun³)
詞語：鑽探。鑽 (轉) 石，又叫火鑽，非有火
也，只讚其光芒似火。
成語：鑽 (專) 木取火。

**戇** (ngong⁶)
解：笨。俗寫戇居，本字「戇瞿」。
詞語：戇忱 (血 hyut³)，憨愚，慌失失。

**爨** (寸 cyun³)
解：燒火做飯。
詞語：分爨，分開煮食。

驪（離 lei⁴）

驪 解：黑色的馬。

詞語：驪歌，離別時唱的歌，小學畢業時 1961 年還有驪歌唱，現在不知驪歌了。出於〈驪駒〉一曲，在離別的時候唱，故名。

驪

# 參考資料

## 參考網站

粵語審音配詞字庫
漢語多功能字庫 Multi-function Chinese Character
Database
粵語點讀 (怎麼讀) ─粵 K 粵愛

## 正音字典

粵音韻彙
標準粵字匯
中文學典
粵音字典
粵語同音字典
常用字廣州話讀音
廣州音字彙
陳凱之教室

# 參考字典

《辭源》，台灣商務
《形音義綜合大辭典》，中正
《香港粵語大詞典》，天地
《康熙字典》，中華
《廣州語本字》，中文大學
《李卓敏大字典》，中文大學
《漢語大辭典》

# 參考書籍

楊碧湖，《中文的誤讀誤寫誤用》，青文，1990
陳岫山，《粵語查音識字字典》，大江，1985
孔仲南，《廣東粵語考》，1933
吳漢癡，《切口大詞典》，上海文藝，1989
黃仲鳴，《一個讀者的審查報告》，大文，2009
黃仲鳴，《不是辭典》，次文化堂，1995
黃仲鳴，《另類辭典》，次文化堂，1995
彭志銘，《粵港歇後語鈎沉》，次文化堂，2016
彭志銘，《老師怕問字》，次文化堂，2015
彭志銘，《香港潮語話齋》，次文化堂，2008
彭志銘，《小狗懶擦鞋》，次文化堂，2007
彭志銘，《正字審查》，次文化堂，2007
彭志銘，《正字正確》，次文化堂，2006
彭志銘，《廣東俗語正字考》，次文化堂，2009
彭志銘，《江湖隱語解話》，次文化堂，2017
曾焯文，《粵辭正典人情篇》，誠心明，2018
曾焯文，《粵辭正典健康篇》，文化現場，2016

陳雄根、何杏楓、張錦少，《追本窮源粵語詞彙趣談》，三聯，2006

《錯別字手冊》，新雅兒童教育，1965

《粵語拼音字表》，香港語言學學會，2002

歐陽覺亞、周無忌、饒秉才，《廣州話俗語詞典》，商務，2015

李婉薇，《清末民初的粵語書寫》，三聯，2011

何文匯，《粵昔平仄入門》，博益，1978

澤義，《挑戰錯別字》，明天，1988

齊騁邨，《報章常見的錯別字》，台灣商務，1999

楊克惠，《錯別字1500詞自測》，商務，2011

文若稚，《廣州方言古語選擇（合訂本）》，2003；《廣州方言古語選擇》，1992，澳門日報

朱廣祈，《當代港台用語辭典》，上海辭書，1994

潘國森，《正字正音》，次文化，2007

《漢字形體學》，文字改革，1950